U0960097

突发公共事件中信息流行病网络扩散机制研究

周海峰　吕先竞　著

天津大学出版社
TIANJIN UNIVERSITY PRESS

图书在版编目（CIP）数据

突发公共事件中信息流行病网络扩散机制研究 / 周海峰，吕先竞著. -- 天津 ：天津大学出版社，2024. 8.

ISBN 978-7-5618-7827-9

Ⅰ. G206.2

中国国家版本馆CIP数据核字第2024LC0217号

出版发行 天津大学出版社
地　　址 天津市卫津路92号天津大学内（邮编：300072）
电　　话 发行部：022-27403647
网　　址 www.tjupress.com.cn
印　　刷 廊坊市瑞德印刷有限公司
经　　销 全国各地新华书店
开　　本 710mm×1010mm　1/16
印　　张 12.25
字　　数 292千
版　　次 2024年8月第1版
印　　次 2024年8月第1次
定　　价 76.00元

前　　言

现代信息环境特别是移动网络与社交自媒体背景下，突发公共事件暴发时，往往伴随“海啸”般的过载信息。这些过载信息有些准确，有些不准确，有些虚假，有些恶意，导致人们在需要的时候很难找到可靠的信息来源和可靠的信息指导，从而危及人们的身体健康、精神健康及社会适应能力，甚至影响人民生命财产安全及社会经济稳定发展。这种流行性和破坏性极强的信息过载现象，我们称之为信息流行病。本书以突发公共事件中的信息流行病为研究对象，探索信息流行病病理、传播、防治及治理问题，旨在帮助我国科学和研究界、政府相关部门、技术及平台、社会团体及社区、媒体和新闻业、公众等组织及个人，在正确的时间，由正确的信息传递者，通过正确的媒介，发出/接受正确的信息，进而做出正确的判断与决策。

本书首先重点探明信息流行病的内涵特征及外延、病因及生成机理、危害，以及信息流行病扩散过程、动力、规模及特征等理论问题，形成突发公共事件中的信息流行病病理理论及传播理论；然后以此信息流行病病理理论及传播理论为指导，探索信息流行病防控模型及框架、应急风险沟通方法、信息流行病防控中的政策措施、信息流行病信息核查方法、信息流行病防控培训课程体系、信息流行病防控公共卫生研究议程、信息流行病心理危机干预方法等问题，形成信息流行病防治/管理理论模型、方式方法、政策措施等理论与应用成果；最后，在此理论及应用成果基础上，重点研究信息流行病治理的两个问题，一是信息流行病数据治理模型及应用，二是基于利益相关者的信息流行病治理模型及应用。

本书在探索信息流行病病理、传播、防治及治理问题过程中，取得了以下理论型及应用型成果：①界定信息流行病相关的概念，探明信息流行病形成及传播机理与特征，探索信息流行病数据治理以及利益相关者协同治理理论，为学界、业界进一步全面开展信息流行病学研究奠定理论基础。②构建涵盖信息流行病病理、传播、防治/管理、治理的系列模型及框架，充实突发公共事件中的信息流行病学理论。③研究信息流行病防治/管理、治理的方式方法以及政策措施，为学界、业界防治及治理信息流行病提供方式方法以及政策措施等方面的指引。

这些成果是对信息流行病学知识体系的补充和完善，在一定程度上解决了突发公共事件中的信息流行病网络扩散机制及防治/管理与治理问题，可为学界及业界在突发公共事件中科学应对信息流行病提供理论及应用参考。

本书是四川省社会科学规划重大项目“突发公共事件中信息流行病网络扩散机制研究”（SC21ZD0008）的重要研究成果。本书的撰写得到四川学术成果分析与应用研究中心、西华大学图书馆领导与同事的关心、支持与帮助，在此表示衷心感谢。天津大学出版社领导和编辑也为本书的出版付出了辛勤劳动，在此特表谢忱。

鉴于作者水平有限，书中难免出现疏漏和不妥之处，敬请专家、学者和读者朋友批评指正。

作者

2024 年 7 月

目　　录

引言

信息流行病，又称信息疫情，是指过多过滥的、纷繁复杂的、良莠不齐的信息，因突发公共事件的刺激和现代信息技术的助力，像病毒一样裂变和快速传播，引发公众心理应激反应，出现“信息焦虑并发症”“信息疲劳综合征”“传播焦虑与恐慌”等病症，危及人们的生命健康与社会稳定。在现代信息环境下，信息流行病与突发公共事件相生相伴。

突发公共事件是突然发生，造成或者可能造成严重社会危害，需要采取应急处置措施予以应对的自然灾害、事故灾难、公共卫生事件和社会安全事件。其中的自然灾害、事故灾难、公共卫生事件，按照社会危害程度、影响范围等因素，分为特别重大、重大、较大和一般四级。

本书主要以新型冠状病毒感染（Corona virus disease 2019），COVID-19 引发的公共卫生事件为例，对突发公共事件中信息流行病的网络扩散（传播）机制开展研究，研究内容涉及信息流行病病理、扩散、防治及治理等问题。本书研究所取得的成果，对有效应对突发公共事件及确保人民生命财产安全具有重要意义。

一、研究综述

信息流行病（Infodemic），是由信息（Information）和疫情（Epidemic）两个单词合并而成。Rothkopf D J（2003）在 SARS 疫情暴发时发现，随着疫情的不断传播和扩散，一些虚假信息或谣言也会借助互联网迅速传播，这种“信息流行病”在混淆事实真相的同时，对社会的危害程度不亚于疾病本身。

相较 SARS 疫情，2019 年底开始出现的 COVID-19 疫情，更是由于移动互联网及社交媒体的推动，导致各种虚假信息或谣言更加泛滥，直接催生了世界各国抗击疫情的“第二战场”。

截至目前，国内外学者分别从多角度研究信息流行病的病理、扩散、防治及治理等问题，取得了大量研究成果，为本书的进一步研究奠定了基础。

1. 对信息流行病的病理研究

信息流行病病理研究的内容，包括信息流行病概念及类型、病因及生产机理、特征及危害等。截至目前，国内外学者对信息流行病病理进行的研究，主要围绕 COVID-19 信息流行病特征及危害问题，采用的方法多为实证。

Gao J L（2020）就社交媒体报道与心理健康问题，对年龄大于等于 18 岁的中国公民，进行了一项横断面研究。研究结果显示，在 COVID-19 暴发期间，精神健康问题的患病率很高，这与经常发生的社交媒体报道呈正相关。这些发现，提示政府在应对突发公共卫生事件的同时，需要更多地关注心理健康问题，特别是普通人群中的抑郁和焦虑问题以及在突发公共卫生事件中与信息流行病作斗争问题。

Kouzy R（2020）对在 Twitter（现为“X”）上传播的关于冠状病毒流行的大量错误信息进行了分析，得出的结论是，与全球 COVID-19 流行病有关的医疗错误信息和无法核实的内容，正在社交媒体上以惊人的速度传播。

Ni M Y（2020）通过微信，对武汉市 1577 名社区成年人和 214 名卫生专业人员，在 COVID-19 流行时的心理健康、危险因素和社交媒体使用进行了在线调查。调查结果是，在 1577 名社区成年人中，约 $\frac{1}{5}$ 的被调查者可能存在焦虑或抑郁。同样，在 214 名卫生专业人员中，约 $\frac{1}{5}$ 的受调查卫生专业人员可能存在焦虑或抑郁。大约 $\frac{1}{3}$ 的社区成年人和卫生专业人员每天通过社交媒体收看 COVID-19 新闻的时间大于等于 2 小时。在社区成年人中，与 COVID-19 患者密切接触以及每天通过社交媒体在 COVID-19 新闻上花费大于等于 2 小时与可能的焦虑和抑郁相关。

Pulido C M（2020）① 对 COVID-19 引发的“信息流行病”进行了研究，研究结果显示，虚假信息在微博上的传播比科学证据和事实核查微博多，但转发量少。这一发现为公共卫生政策制定提供了相关参考。

Ahmad A R（2020）通过在线问卷调查，研究了社交媒体对伊拉克库尔德斯

① PULIDO C M.COVID-19 infodemic：More retweets for science-based information on coronavirus than for false information[J]. International sociology，2020，35（4）：377-392.

坦在 COVID-19 大流行期间的恐慌的影响。研究结果是：在封锁期间，人们利用社交媒体平台获取有关 COVID-19 信息。社交媒体对人的恐慌的影响因个人的性别、年龄和教育水平而异。社交媒体对因 COVID-19 病毒引发的焦虑起了关键作用。研究结论是：社交媒体传播的 COVID-19 疫情信息与伊拉克库尔德斯坦相关恐惧和恐慌有关联，对人们的心理健康有着潜在的负面影响。

Zhao Y X（2020）通过新浪微博热搜榜，调查和分析了中国公众在 COVID-19 流行初期（2019 年 12 月 31 日至 2020 年 2 月 20 日），对 COVID-19 相关事件的关注程度。研究结论是：在新型冠状病毒流行期间，新浪微博传播了大量 COVID-19 疫情信息，受到公众广泛关注。

Islam M S（2020）① 跟踪并研究了在线平台上流传的与 COVID-19 相关的谣言、污名和阴谋论，包括事实调查机构网站、Facebook、Twitter 和在线报纸，以及它们对公众健康的影响。信息提取时间为 2019 年 12 月 31 日至 2020 年 4 月 5 日。调查样本涵盖 87 个国家、25 种语言。研究结论是：谣言、污名和阴谋论引发的错误信息，如果优先于循证指南，可能会对个人和社区产生潜在的严重影响。卫生机构必须实时跟踪与 COVID-19 相关的错误信息，并让当地社区和政府等利益相关者揭穿错误信息。

吴世文（2020）② 以 COVID-19 疫情为例，对公共卫生事件中的伪信息开展实证研究。研究成果显示：疫情伪信息不仅包括内容属性之“伪”，还因受众误读而产生，它们以假新闻、错误的信息与谎言、事后证实非真的谣言、流言或传言、虚假广告等形式存在。

邓向阳（2020）③ 的研究成果表明，信息流行病导致人们信息处理效率下降，焦虑、倦怠，甚至恐慌等消极情绪随之产生。

方兴东等（2020）④ 指出，信息流行病为民众带来过度的恐惧、焦虑情绪。导致人们无法做出正确判断，盲从假信息进行错误行动。令人们之间产生误解，加

① ISLAM M S.COVID-19-Related infodemic and its impact on public health: A global social media analysis[J]. American journal of tropical medicine and hygiene, 2020, 10(4): 1621-1629.

② 吴世文. 重大突发公共卫生事件中的伪信息传播、治理困境及其突破路径——以新冠肺炎疫情为例[J]. 电子政务，2020(9): 40-50.

③ 邓向阳. “信息流行病”的产生、传播与治理[J]. 人民论坛，2020(22): 113-114.

④ 方兴东，谷潇，徐忠良. “信疫”(Infodemic)的根源、规律及治理对策——新技术背景下国际信息传播秩序的失控与重建[J]. 新闻与写作，2020(6): 35-44.

剧种族之间的对立和冲突，已成为很多社会问题的根源与导火索。

Germani F（2021）分析了支持反疫苗接种者在 Twitter 平台上的行为，研究表明，反疫苗接种的支持者更多地参与到 Twitter 讨论，更多地分享阴谋论并使用情感语言。

Zhang S 等（2021）[①] 收集 2020 年 1 月 20 日至 5 月 28 日在中国主要社交媒体平台上发表的与 COVID-19 错误信息相关的帖子，对中国社交媒体有关 COVID-19 的信息流行病特征进行了探索性研究。研究发现，中国社交媒体上的 COVID-19 信息具有渐进性、视频化和反复波动的特点。研究结果表明，COVID-19 的信息传播与 COVID-19 流行病的传播是平行的。

Fernandez-Torres M（2021）对 COVID-19 大流行期间西班牙的信息流行病和假新闻进行了研究，主要结论是，在西班牙，公民对有关冠状病毒的信息感兴趣，但缺乏媒体的公信力和可靠性；社交网络和即时通信被认为是传播虚假新闻最多的渠道。

Erku D A（2021）对药剂师在 COVID-19 信息流行病中如何阻止药物错误信息进行了研究。

Alcantara J（2021）[②] 采用文献分析法，对 2020 年 1 月至 5 月在巴西社交媒体上发行的出版物进行分析。研究结果表明，“冠状病毒”这个话题在这几个月里逐渐增多。然而，这一主题的框架发生了重大变化，逐渐反映出围绕这场流行病危机产生的政治争端。

Briand S（2021）研究了信息流行病理，发现信息流行病的负面后果有：困惑和恐惧（尤其是在脆弱和有风险的人群中）、对机构失去信任、误解和污名。所有这些都可能导致个人不参与适当的决策。

Adekoya C O（2022）[③] 在 2020 年 6 月中旬至 7 月期间，调查了社交媒体在尼日利亚的应用以及和 COVID-19 信息流行病传播。调查样本为 1200 名社交

① ZHANG S，PIAN W J，LIU Y M. Characterizing the COVID-19 infodemic on Chinese social media：exploratory study [J]. JMIR public health and surveillance，2021，7（2）.

② ALCANTARA J. “Little flu” infodemic：an analysis on disinformation and coronavirus in Brazil[J]. Chasqui-revista latinoamericana de comunicacion，2021（145）：137-161.

③ ADEKOYA C O . Social media and the spread of COVID-19 infodemic[J]. Global knowledge memory and communication，2022，71（3）：105-120.

媒体用户。调查结果发现，人们在COVID-19大流行期间，利用社交媒体的原因多种多样。在COVID-19大流行期间，社交媒体工具被大量使用，错误信息在社交媒体上得以传播。

王子成等（2021）[①]认为，信息流行病易滋生“地域歧视现象”，易冲击科学精神，易导致“主体自觉道德”迷惘，易使“信任公权心态”产生波动。

陈维龙等（2022）[②]指出，信息流行病的危害有五点：一是交融泛在（一旦形成，将难以回避）；二是快速扩散（倘若放弃“把关人”管制逻辑，后果将变得难以预料）；三是隐匿遁形（其隐匿遁形特征便于其悄然成形，不容小觑）；四是污名歧视（其在国际范围内的污名化和泛政治化已显现危害，且破坏力极强）；五是平台失灵（数字时代的“信息疫情”离不开超级平台的聚合和扩散效应，这种平台在给网民带来便利的同时，也会迸发出强大的“爆破力”）。

程慧平等（2023）[③]认为，信息流行病的危害有三点：一是认知失调（当两种或两种以上相矛盾的认知、态度与行为发生时，人们会经历一种令人不安的心理状态）；二是消极情绪，含消极高唤醒情绪（愤怒、恐惧、焦虑、紧张、烦躁）及消极低唤醒情绪（倦怠、担心、抑郁）；三是消极行为（如屏蔽、退出、减少使用信息等），由认知失调及消极情绪引起。

马费成等（2022）[④]指出，信息流行病会导致社会公众恐慌、焦虑，造成信息混乱，扭曲人们的认知和行为，干扰正常的生产生活。

王波伟（2023）[⑤]在研究信息流行病病因时发现：权威信源缺位（信息供给不足），致使公众恐慌；信息无序，加剧公众区隔；信息过载，催生公众焦虑；信息过窄，引发公众失智；信息污染，导致舆情失衡。

① 王子成，周明星. 突发公共卫生事件中的“信息流行病”及其消解[J]. 行政与法，2021（11）：51-61.

② 陈维龙，王保华. 数字时代“信息疫情”表征、传播形态及治理范式[J]. 湖南师范大学社会科学学报，2022，51（6）：125-132.

③ 程慧平，于欢欢，蒋星. 重大突发公共卫生事件中社交媒体信息过载的前因后果模型研究[J] 情报科学，2023，41（3）：45-56.

④ 马费成，宇传华，骈文景. 用谣言抗体防控“信息疫情”[J/OL]，半月谈，（2022-2-18）.http://www.xinhuanet.com/webSkipping.htm.

⑤ 王波伟. 动态失衡螺旋与善治传播协同：信息疫情的形成与治理[J]. 传媒观察，2023（2）：79-85.

王世雄等（2023）[①] 在研究信息流行病病因及危害时发现：因为不准确的信息产生集体恐慌，严重影响疫情防控和社会稳定。

2. 对信息流行病扩散的研究

信息流行病扩散研究的内容，主要包括信息流行病扩散过程、信息流行病扩散动力、信息流行病扩散规模及信息流行病扩散特征等内容。截至目前，国内外学者在研究信息流行病扩散时，多集中在网络舆情，特别是社交网络舆情的影响及传播，其方法多为借鉴流行病学的模型。具体成果如下。

曾祥敏、王孜（2019）[②] 对虚假健康信息产生的诱因、社交媒体中虚假健康信息类型及传播机制进行了分析，提出了健康信息的治理路径和策略。

梅妍霜、朱恒民、魏静 [③]（2019）研究媒体协同对网络舆情扩散的作用机制，其结果表明，相对于单个媒体，多个媒体构建的协作网络对话题传播有更强的促进作用，并且受媒体介入时间和媒体作用时长影响。

Cinelli M（2020）[④] 通过大量的 Twitter、Instagram、YouTube、Reddit 和 Gab 数据，分析研究关于 COVID-19 的信息扩散问题。用流行病模型描述信息扩散，确定每个社交媒体平台的基本信息扩散参数 R_0。

Han Y Y（2021）整合 IAM 和 HBM 两种模型，揭示信息特征、人们对信息缺陷和益处的认知以及自我效能感对在线健康信息有用性和采纳意愿的影响。研究指出，我们在帮助知情公众通过两种途径获取有用信息时，应考虑这些因素。一是提高政府和其他官方信息的质量，二是提高公众获取信息的能力，以宣传真相和打击谣言。

Bae S（2021）等 [⑤] 通过调整 EIR 模型并使用蒙特卡罗方法和计算算法，预测

① 王世雄，朱明旻，吴宜诺，等. 信息疫情中竞争性信息传播建模与实证研究[J]. 情报资料工作，2023，44（1）:62-71.

② 曾祥敏，王孜. 健康传播中的虚假信息扩散机制与网络治理研究[J]. 现代传播（中国传媒大学学报），2019，41（6）:34-40.

③ 梅妍霜，朱恒民，魏静. 媒体协同对网络舆情扩散的作用机制研究[J] 数据分析与知识发现，2019，3（2）:65-71.

④ CINELLI M. The COVID-19 social media infodemic[J]. Scientific reports，2020，10（1）:16598.

⑤ BAE S，SUNG E，K WON O. Accounting for social media effects to improve the accuracy of infection models：combatting the COVID-19 pandemic and infodemic[J]. European journal of information systems，2021，30（3）:342-355.

社交媒体对 COVID-19 传播的影响（N=2095 例）。研究结果表明，社会媒体利用的措施，应纳入 SEIR 模型，以提高对 COVID-19 感染的预测。

Zhang X Q（2021）① 等应用网络重建技术，重现多重信息网络和 COVID-19 疫情传播，揭示信息对防控 COVID-19 疫情的积极和消极影响。研究发现，与传统媒体相比，新的移动平台在助推信息流行病方面风险更大。

徐剑、钱烨夫（2020）② 对信息流行病（信息疫情）的传播及治理进行研究。该研究在情境危机传播理论框架下，基于 SEIR 模型仿真，模拟了新冠信息疫情在社交媒体的网络扩散机制，分析了传播过程中易感节点、暴露节点、感染节点、免疫节点的变化情况。

邓向阳（2020）③ 对"信息流行病"的产生、传播与治理进行研究，得出的结论是：信息流行病的生成机理是信息过载和信息不确定叠加作用，其传播机制表现为媒介构筑的拟态环境中虚拟网络社交关系的连接。

匡文波、武晓立（2020）④ 对网络谣言传播进行研究，提出突发公共卫生事件中网络谣言传播模型，该模型可为研究信息流行病提供参考。

黄文森、廖圣清（2021）⑤ 采用指数随机图模型方法，考察影响媒体新闻生产和扩散关系形成的机制。取得的研究成果，对探索社交网络媒体信息流行病传播关系及其内在机制具有借鉴价值。

Linden S（2022）⑥ 对信息流行病扩散研究成果进行综述，发现已有研究人员采用了流行病学的模型。例如，用易感—感染—康复（SIR）模型，来衡量和量化在线社交网络中虚假信息的传播。

① ZHANG X Q. Multiplex network reconstruction for the coupled spatial diffusion of infodemic and pandemic of COVID-19[J]. International journal of digital earth, 2021, 14(4): 401-423.

② 徐剑，钱烨夫. "信息疫情"的定义、传播及治理[J]. 上海交通大学学报（哲学社会科学版），2020，28(5): 121-134.

③ 邓向阳. "信息流行病"的产生、传播与治理[J]. 人民论坛，2020(22): 113-115.

④ 匡文波，武晓立. 突发公共卫生事件中网络谣言传播模型及特征研究[J]. 新闻与写作，2020(4): 83-87.

⑤ 黄文森，廖圣清. 同质的连接、异质的流动：社交网络新闻生产与扩散机制[J]. 新闻与传播研究，2021，28(2): 18-36, 126.

⑥ LINDEN S. Misinformation: susceptibility, spread, and interventions to immunize the public[J/OL]. Nature Medicine, 2022, 28(3): 460-467.[2022-12-12] https://doi.org/10.103 8/s41591-022-01713-6.

3. 对信息流行病的防治研究

对信息流行病防治，是我国对信息流行病预防、控制及治疗的简称（也是习称）。世界卫生组织（WHO）称其为信息流行病管理（Infodemic Management，IM）。从 WHO 下的定义看，信息流行病防治（管理）是应用基于证据的干预措施，为公民带来易于理解的本地化的基于证据的信息，并推动积极寻求健康的行为。截至目前，WHO 以及国内外学者在信息流行病防治（管理）方面所取得的研究成果如下。

WHO 自 COVID-19 疫情暴发以来，一直在世界方位内推动信息流行病管理。世界卫生组织给信息流行病防治（管理）下的定义是，“应用基于证据的干预措施，为公民带来易于理解的本地化的基于证据的信息，并推动积极地寻求健康的行为”，通俗地讲，对信息流行病防治（管理），也就是在正确的时间，由正确的信息传递者（正确的信使），在通过正确的媒介发出正确的信息。世界卫生组织认为，信息流行病防治（管理）的目的，是通过倾听社区担忧和问题、促进对风险和健康专家建议的理解、增强对错误信息的抵御能力、动员社区并赋权社区采取积极行动等活动，培养及实现公众及社会良好的健康习惯。截至目前，世界卫生组织在管理信息流行病方面所发挥的领导作用有：与联合国系统、科技部门、媒体、民间社会和其他扩大社区合作，以了解关切、共同制定信息、扩大卫生信息的覆盖范围并响应信息需求社区；与学术界合作制定信息流行病管理的公共卫生研究议程，并与不同的专家组合作制定信息流行病管理能力框架和培训；倡导普遍获取可靠的健康信息，并为全世界人民建立抵御错误信息的能力；通过区域网络，例如非洲信息流行病应对联盟，培育新方法，以满足不断变化的突发卫生事件信息流行病应对需求。截至目前，世界卫生组织在管理信息流行病的研究与创新方面，是这样做的。制定公共卫生研究议程，为研究投资方向提供指导，以更好地理解、衡量和应对信息流行病；建立 EARS（这是一种早期的人工智能支持的响应和社交聆听工具），帮助卫生当局快速识别不断增加的叙述内容和无效信息；每周汇总公开的社交媒体和新闻媒体、网络分析和在线搜索数据；建立约 200 个活跃的 COVID-19 事实核查小组的数据存储库，以 40 多种语言验证 COVID-19 相关声明；完善基于人工智能的信息流行观察站，以评估错误信息和虚假信息传播的现状；为推动信息流行病学取得进展，定期召集国际社会召开会议，讨论和规划信息流行病管理主题的前进方向；审议用于社会倾听和信息流行病管理的道德框架和工具。① 世界卫生组织在信息流行病管理（防治）方面所作的理论研究及实践探索成果，为本书进一步研究信息流行病防治提供了指导及借鉴。

Eysenbach G（2020）根据 WHO 提出的新型冠状病毒病（COVID-19）信息流行病管理框架，提出了管理“信息流行病”的四大基石。一是信息监控。二是提升健康素养和科学素养。三是以事实调查和同行评议确保知识信息精益求精。四是准确及时的知识翻译，尽量减少政治或商业影响等扭曲因素。

杨志萍、胡卉（2020）② 对我国新冠疫情防控中的应急科普进行了研究与分析，从普及科学知识角度研究信息流行病的防控。

刘兰兰（2020）③ 研究疫情报道中的“信息疫情”现象及防治对策，提出信息疫情（信息流行病）的防治策略。即强化政府协同治理、提高舆论引导和舆情应对能力、增强媒体责任意识、提升全民媒介素养。

Scott J（2021）④ 对临床医生和研究人员管理（防治）COVID-19 信息流行病的策略进行了研究。研究结论是，为防止虚假信息流行病，当前心智模型框架内的错误成分需要被替换，新的心理模型需要重新构建。

苏坤等（2021）⑤ 从研究重大突发事件中的“信息疫情”的防治策略方面，提出要从信息发布、应急处置、舆论引导、媒介素养培育等方面着手，加快构建“四位一体”的“信息疫情”防治体系，有效提升“信息疫情”防治的响应速度和效果。

韩玉花（2021）⑥ 从开展疫情突发背景下，社交媒体信息流行病溯源与防治

① WHO.Infodemic-Management（EB/OL）[2023-3-6]. https://www.who.int/news/item/10-02-2023-who-kicks-off-deliberations-on-ethical-framework-and-tools-for-social-listening-and-infodemic-management.

② 杨志萍，胡卉. 普及科学知识防控信息流行病——新冠肺炎疫情防控中的应急科普研究与分析[J]. 西华大学学报（哲学社会科学版），2020，39（4）：83-94.

③ 刘兰兰. 疫情报道中的“信息疫情”现象及防治对策[J]. 领导科学，2020（10）：116-118.

④ SCOTT J. Managing the infodemic about COVID-19：Strategies for clinicians and researchers[J]. Acta psychiatrica scandinavica，2021，143（5）：377-379.

⑤ 梅鹏超，苏坤，胡忆琦. 重大突发安全事件中的“信息疫情”风险和防治策略——基于新冠肺炎疫情的观察思考[J]. 重庆邮电大学学报（社会科学版），2021（6）：138-147.

⑥ 韩玉花. 探渊与防治：疫情突发背景下社交媒体“信息流行病”分析[J]. 青岛科技大学学报（社会科学版），2021，37（1）：15-19，67.

研究方面认为，要防治信息流行病，需要在溯源分析的基础上，不断提升信息公开透明度，规范社交媒体传播秩序，全面提升公民科学素养。

唐风（2021）[①] 通过对世界卫生组织流行病信息网络组织的信息疫情管理（信息流行病）全球在线会议进行网络调查，在总结和借鉴在线会议成果的基础上，结合我国在疫情防控期间所暴露的信息流行病管理问题，提出协同多元主体建立统一的疫情信息管理系统、甄别打击虚假信息、利用信息化技术普及公众健康教育和卫生知识、构建疫情知识库等对策建议。

4. 对信息流行病的治理研究

信息流行病治理是基于"善治"的信息流行病中高层级管理，强调突发公共事件中的各利益相关者平等参与、协同共治伴随突发公共事件而产生的信息流行病。截至目前，从查阅到的国内文献看，国内在研究信息流行病治理（IG）方面取得成果，大多限于 IM 的非战略层面部分，还未触及 IG 核心。具体成果如下。

邓向阳（2020）[②] 在研究信息流行病病因后，提出这几点治理对策。确保信息公开透明，阻断传染源；加强主流媒体与市场化媒体的分工协作，减少信息传播过程中的变异；重视公众媒体素养提升，提高抵制谣言、情绪传播的免疫能力。

刘彬（2020）[③] 在分析虚假健康信息形成原因的原因及传播特征后，提出了加强虚假健康信息治理对策。即加强把关，真正做好内容定位；真正发挥出监管与法律的警示功能；建设用户互相监督的舆情预警机制；合理使用大数据和人工智能。

吴世文（2020）以新冠疫情为例，对公共卫生事件中的伪信息传统治理困境及其突破路径开展研究。研究显示：疫情伪信息的全球治理举措，包括技术手段、事实核查、专家介入、法律手段、公众参与、"特别工作组"等，但存在"事前"难以阻止、公众参与不够、全球协作无力、纠正不足等问题与困境。

李军（2020）[④] 从新闻传播学角度研究信息流行病传播途径与治理策略方面指出，预印本出版有诱发信息流行病的可能；涉及重大公共利益时，新闻及学术

① 唐风. 重大突发公共卫生事件中的信息疫情管理研究[J]. 情报探索，2021（3）：84-90.

② 邓向阳."信息流行病"的产生、传播与治理[J]. 人民论坛，2020（22）：113-115.

③ 刘彬. 健康传播中的虚假信息扩散机制与网络治理探究[J]. 传播与版权，2020（4）：178-179，185.

④ 李军. 论"信息流行病"传播途径与治理策略[J]. 中国报业，2020（17）：51-52.

报道需站在社会责任高地，媒体应质疑"专家说"步入真理殿堂；坚决治理假新闻，建设良好舆论生态；伪科学和阴谋论的治理任重道远。

王斌（2021）①以案例分析信息疫情（信息流行病），发现时空媒介化、病毒网络化、公众情感化是催生"信息疫情"的主要原因。

龚立群（2022）②以 COVID-19 疫情为例，从宏观、中观和微观视角分析信息疫情（信息流行病）的形成原因，并分别梳理目前国际组织、世界各国、技术平台、科学和医疗机构及专业人士等的治理措施及治理困境。

陈维龙、王保华（2022）③在解构传统的拉斯维尔 5 W 模式线性结构基础上，重构数字时代的智能传播循环新模式，并进一步探析"信息疫情"的隐性传播逻辑。同时，基于 TOEM 理论分析框架的新视角，进一步通过技术赋智、组织赋责、环境赋术和讯息赋能四维视角探究"信息疫情"治理范式。

王波伟（2023）④在研究善治传播协同时，提出"善治传播协同"的多焦点联动信息疫情治理机制。即基于交互型议程设置形塑公共话语，实现主流媒体与社交媒体的同频共振、情理共振；提升"在场"公众多元素养，弥合"圈层化间隙"、培养主动公民；构建"一核多元""协同分异"与"体用合一"的情境策略，助推全域化疫情防控数字治理，强效赋能国家疫情防控治理能力现代化。

王阳（2023）⑤在研究信息疫情演进规律与治理时认为，后疫情时代人类与 COVID-19 常态化共存，使得对信息疫情（信息流行病）的治理不容忽视；并发现，采取系统化的干预措施，能减小信息疫情（信息流行病）的影响程度。这些成果为补足数字健康干预顶层设计提供了科学依据。

5. 小结

信息流行病是指疾病暴发期间数字和物理环境中，包含虚假或误导性信息

---

① 王斌."信息疫情"的理论维度、结构成因与治理反思[J]. 电子科技大学学报（社科版），2021，23（4）：38-45.

② 龚立群. 重大突发公共卫生事件中"信息疫情"的形成原因、治理困境及其突破路径[J]. 情报探索，2022（6）：37-46.

③ 陈维龙，王保华. 数字时代"信息疫情"表征、传播形态及治理范式[J]. 湖南师范大学社会科学学报，2022，51（6）：125-132.

④ 王波伟. 动态失衡螺旋与善治传播协同：信息疫情的形成与治理[J]. 传媒观察，2023（2）：79-85.

⑤ 王阳. 数值仿真视角下的信息疫情演进与治理[J/OL]. 图书馆论坛，[2023-03-06].https：//kns.cnki. net/kcms/detail/44.1306.G2.20230304.1309.002.html.

的信息过载，具有流行性和破坏性。它会导致社会混乱和个人冒险行为，从而危及生命健康及财产安全。当今，网络数字化的发展以及社交媒体的广泛使用，导致信息流行病更快传播。自 COVID-19 疫情暴发以来，世界卫生组织一直高度重视并在全球范围内推动信息流行病防治（管理）及治理，一直在引导各会员国努力将正确的信息由正确的信息传递者，通过正确的媒介，在正确的时间发出，并产生了积极效果。

截至目前，国内外学者围绕信息流行病病理、网络扩散、防治（管理）、治理开展理论与实证研究，取得了一定成果，为推动各层级信息流行病防治及治理提供了学理与实践支撑。但同时，也存在这些不足。一是现有病理方面的研究成果大多限于信息流行病概念、特征及现状，缺乏对信息流行病类型、病因及生成机理的理论探索。二是现有网络扩散方面的研究成果大多从网络舆情特别是社交网络舆情切入，对特定突发公共事件中的信息流行病的网络扩散过程、动力、规模、特征等还需进一步探索。三是现有防治（管理）方面的研究成果，主要是介绍世界卫生组织在组织、引导会员国开展信息流行病防治（管理）所设立的项目和取得的成效以及国内外部分专家关于开展信息流行病防治（管理）的对策建议，缺乏具体针对国内特定突发公共事件信息流行病的理论及案例研究。四是现有治理方面的研究成果，大多限于 IM 的非战略层面部分，还未触及 IG 核心。

基于此，本书拟在现有成果基础上，进一步开展信息流行病病理、网络扩散、防治（管理）、治理的理论与实践研究，重点解决信息流行病病原体、信息流行病生成与防治机理、信息流行病网络扩散过程与机理、信息流行病防治（管理）理论与实践、信息流行病治理模型与对策等问题，形成在突发公共事件中，信息流行病的网络扩散机制研究的理论与实践成果。

相对于已有研究，本书的主要学术价值、应用价值及社会意义如下。

（1）通过研究信息流行病概念及类型、病因及生产机理、特征及危害等病理问题，信息流行病扩散过程、动力、规模及特征等网络扩散及传播问题，信息流行病预防、控制及治疗等防治（管理）问题，以及基于数据及利用相关者的信息流行病治理问题，初步形成较完整的突发公共事件中信息流行病学知识体系，为建设信息流行病学学科奠定一定基础。

（2）初步形成较完整的突发公共事件中信息流行病学知识体系，可从理论及实践上指导各类突发公共事件中的信息流行病防治（管理）与治理，从而提升信息流行病防治（管理）与治理效益，避免信息流行病对人民生命财产以及社会经济稳定发展的影响。

二、研究对象和主要内容

在移动互联网络及自媒体/融媒体高速发展背景下，本书围绕解决突发公共事件中的信息流行病问题开展研究，重点研究突发公共事件中的信息流行病病理、网络扩散、防治（管理）以及治理等四个方面的内容。

本书总体研究框架如图 0-1 所示。图 0-1 显示了本书的研究内容及其相互间的逻辑关系。本书具体研究的内容如下。

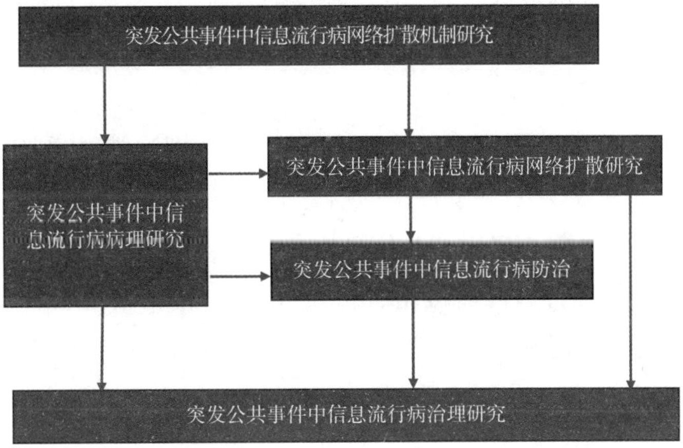

图 0-1　总体研究框架

（1）对突发公共事件中的信息流行病的病理研究。研究信息流行病概念及类型、病原体（病因）及产生机理、特征及危害等病理问题。其成果用于指导后续各子课题。

（2）对突发事件中信息流行病网络扩散研究。依据突发公共事件中的信息流行病病理研究成果，在移动互联网络及自媒体/融媒体高速发展背景下，研究突发事件中信息流行病的网络扩散过程、动力、规模及特征等扩散问题，掌握信息流行病传播特征与扩散规律。其成果用于指导后续信息流行病防治/管理及治理问题的研究。

（3）对突发事件中信息流行病防治/管理研究。根据突发公共事件中的信息流行病病理以及网络扩散规律，研究突发公共事件中的信息流行病防治（管理）问题，其成果用于指导后续信息流行病治理问题的研究。

（4）对突发事件中信息流行病的治理研究。根据突发公共事件中的信息流行病病理、扩散规律以及防治（管理）理论及方法，研究突发公共事件中的信息流行病治理模型，提出治理对策，为应对突发公共事件信息流行病提供指导。

三、研究思路和研究方法

首先，本书从现实与理论维度研究突发公共事件中的信息流行病病理。本部分研究涉及信息流行病的内涵及外延、信息流行病构成基本要素、信息流行病病原（体）、信息流行病形成机理、信息流行病特征、信息流行病危害等内容，拟综合利用流行病学、信息数字传播、新闻媒介传播、应急管理等多学科知识开展研究。

其次，本书在前部分研究取得的成果基础上，从理论维度，利用文献调研、网络调研等方法，研究突发公共事件中的信息流行病扩散过程、动力、规模、特征等问题。本部分的研究重点解决涉及信息流行病的扩散过程与机理模型问题。本部分的研究拟借鉴流行病传播机制、信息—信道—信宿模型、新闻传播机制、谣言传播机制等现有最新成果开展研究。

再次，本书在前两部分研究取得的成果基础上，从理论与实践维度，利用文献调研、网络调研等方法，研究突发公共事件中的信息流行病防治（管理）框架，以及具体防治方法和措施。拟借鉴世界卫生组织的框架模型及方式方法，并结合我国的实际，开展研究工作。

最后，本书在前三部分研究取得的成果基础上，从理论与现实维度，进一步研究突发公共事件中的信息流行病治理模型并提出治理对策。信息流行病的治理，本质上是对突发公共事件中的数据以及利益相关者的治理。因此，本书基于数据的信息流行病治理模型及对策的研究，将参考借鉴数据治理模型与对策、应急管理模型的最新成果；而基于利益相关者的信息流行病治理模型及对策的研究，将参考利益相关者理论以及突发公共事件中的风险沟通与行为理论成果。

四、创新之处

1. 解决突发公共事件中的信息流行病网络扩散机制及防治与治理问题，初步形成我国信息流行病学知识体系

现代信息环境，特别是在移动网络与社交自媒体背景下，在突发公共事件暴发时，往往伴随“海啸”般过载信息。这些信息有些是准确信息，有些是不实信息甚至虚假信息乃至恶意信息，导致人们很难在需要的时候，找到可靠的信息来源和可靠的信息指导，从而危及人们的身体健康、精神健康及社会适应能力，进而影响人民生命财产安全及社会经济稳定发展。从我国及全球应对COVID-19疫情重大突发公共卫生事件的实践而言，我们在抗击COVID-19病毒疫病的同时，还在与由“海啸”般过载信息引起的信息流行病作斗争。类似于COVID-19病毒疫病，信息流行病也有其自身的病症及病因、扩散方式及渠道，需要全面防治/管理及治理。本书以突发公共事件中的信息流行病为研究对象，明确信息流行病的内涵特征及外延、病因及生成机理、危害，探明信息流行病扩散过程、动力、规模、特征；探索信息流行病防治/管理方式方法与政策措施，构建基于数据和基于利益相关者的信息流行病治理模型；解决了突发公共事件中的信息流行病网络扩散机制及防治/管理与治理问题，初步形成了我国信息流行病学知识体系；为学界及业界在突发公共事件中科学应对信息流行病，提供了理论参考。

2. 构建涵盖信息流行病病理、传播、防治/管理、治理的系列模型及框架，充实突发公共事件中的信息流行病学理论

本书在研究信息流行病病理问题中，提出了信息流行病病因三角模型。该模型表明，信息流行病病因（致病因素）由病原体（过载信息）、宿主（过载信息受众或易感人群）、环境（过载信息依托环境）构成。该模型揭示了信息流行病生成机理；在研究信息流行病扩散问题中，提出了流行病学视角下的信息流行病扩散过程模型、信息论视角下信息流行病网络扩散过程模型、传播学理论视角下信息流行病网络扩散过程模型、信息流行病网络扩散驱动力模型、特定突发公共事件的信息流行病UKSI模型、特定突发公共事件的信息流行病SEIR模型等理论模型。这些模型揭示了信息流行病网络扩散过程、动力、规模等，为全面把握信息流行病网络扩散规律奠定了基础；在研究信息流行病防治/管理问题中，提

出了基于世界卫生组织 EPI-WIN 在线众包咨询建议的信息流行病防治/管理框架模型、信息流行病防治/管理"四大支柱"模型、基于工作流程的信息流行病防治/管理框架、基于与公众 COVID-19 对话内容的信息流行病防治/管理框架、基于社交媒体信息过载前因后果模型的信息流行病防治/管理框架、信息流行病防治/管理能力框架。这些框架或模型,是信息流行病防治/管理基本理论的重要组成部分,为全面开展信息流行病防治/管理提供了指引;在研究信息流行病治理问题中,提出了突发公共卫生事件信息流行病数据治理概念框架模型,以及基于利益相关者的信息流行病协同治理模型。这两种模型,是信息流行病治理基本理论的核心组成部分,为全面开展信息流行病协同治理,提供了数据保障与方法指引。

3. 提出信息流行病防治/管理、治理的方式方法以及政策措施,为学界、业界防治及治理信息流行病提供方式方法以及政策措施等方面的指引

在研究信息流行病防治/管理问题中,提出了信息流行病防治/管理中的应急风险沟通方法、信息流行病防治/管理中的政策及措施、信息流行病防治管理中的信息核查方法、信息流行病防治/管理中的培训课程体系、信息流行病防治/管理中的公共卫生研究议程、信息流行病心理危机干预方法。这些成果是信息流行病防治/管理基本理论的重要组成部分,为学界、业界应对信息流行病提供了方式方法以及政策措施等方面的指引;在研究信息流行病治疗问题中,提出了信息流行病数据治理以及信息流行病利益相关者协同治理方法、需要解决的问题及对策等。这些成果是信息流行病数据治理方法的重要内容,为学界、业界开展信息流行病协同治理提供了方法指引。

本书分四部分共五章对课题研究成果进行总结,具体如下。

第一部分为第一章,总结研究信息流行病概念及类型、信息流行病病因模型及生成机理、信息流行病危害等三个病理问题所取得的成果,由西华大学吕先竞撰写。第二部分为第二章,总结研究信息流行病网络扩散过程、信息流行病网络扩散动力、信息流行病网络扩散规模、信息流行病网络扩散特征等四个扩散问题所取得的成果,由西华大学周海峰撰写。第三部分为第三、四章,总结研究信息流行病防治/管理模型、信息流行病防治/管理能力、信息流行病防治/管理中的应急沟通、信息流行病防治/管理政策措施、信息流行病防治/管理中的信息核查、信

息流行病防治/管理中培训、信息流行病防治/管理中的公共卫生研究议程、信息流行病病症及心理危机干预等八个治理/管理问题所取得的成果,由西华大学周海峰撰写。第四部分为第五章,总结研究信息流行病治理所取得的成果。这部分的成果分为两部分,其一是数据治理概念框架及应用,其二是基于利益相关者的信息流行病协同治理模型及应用,由西华大学周海峰撰写。另外,本书的引言及总结由西华大学吕先竞撰写。

第一章　对信息流行病病理的研究

在明确信息、传染病与流行病、突发公共事件概念基础上，界定信息流行病概念，探明信息流行病特征，划分信息流行病类型；探究信息流行病病因及危害，为后续研究信息流行病传播、防控以及治理奠定基础。

第一节　信息流行病的概念及类型

在明确相关概念的基础上，探明突发公共事件中的信息流行病的内涵特征及外延，有利于明确课题研究对象及范围。

一、相关概念

信息流行病是信息与流行病的复合词，流行病与传染病联系紧密。因此，研究突发公共事件中的信息流行病，需要首先明确信息、传染病、流行病、突发公共事件等概念。

（一）信息

不同学科对信息的概念界定不同。从不同学科角度界定信息概念，便于后续对信息流行病进行跨学科、跨领域研究。

1. 从控制论角度

1948年，控制论创始人维纳在《控制论——或关于在动物和机器中控制和通信的科学》中提出，信息既不是物质，也不是能量，信息就是信息。这里，维纳将信息与物质、能量并列为世界的三大构成要素，凸显了信息在物质与精神世界活动中的重要作用。

2. 从信息论角度

信息论创始人申农认为，信息是能用来消除不确定性的东西。与此相近的说法是，信息是传递的消息中使概率发生变化的东西。申农对信息的定义，强调了信息的作用——消除事物不确定性或增加确定性。

3. 从图书情报学角度

管理学专家 Ackoff R L 认为，在图书情报学“数据—信息—知识—智慧”层级结构语境中，数据(Data)是信息处理及知识获取的原始材料[①]。所谓信息(Information)，就是为发现问题而对数据(原始材料)的精炼重组。所谓知识(Knowledge)，就是为解决问题而对信息的有序化、系列化。所谓智慧(Wisdom)，就是在知识基础上所提出的解决问题的行动方案。这里，Ackoff 明确地界定了信息与数据、知识、智慧的关系，具体如图 1-1 所示。

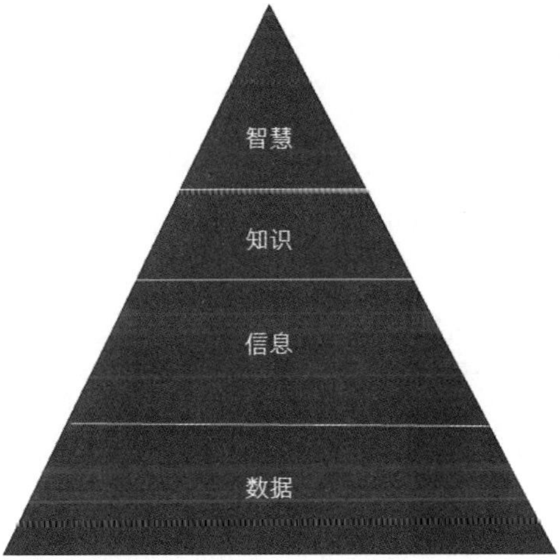

图 1-1 “数据—信息—知识—智慧”的关系

4. 从管理与计算机应用角度

有美国学者从管理学角度界定信息概念，认为信息是有意义的数据，是经过收集、记录、处理和存储的可供检索的事实及数据。这里，强调了事实信息及数据信息的管理及利用。

5. 从哲学角度

国内有学者从哲学的角度界定信息概念，认为信息是事物属性及事物间关系的表征，人们正是通过信息来认识事物的运动现象及客观规律的。这里，突出了信息的本质是表征事物属性及事物间关系。

综上，信息是表征事物属性及事物间关系的事实及数据，是人们对事实及数

① ACKOFF R L.From data to wisdom[J]. Journal of applied systems analysis, 1989, 16(1):3-9.

据再加工、再提炼，是若干事实及数据的系统化或集合，是生物系统以及具有自动控制系统的其他系统通过感觉系统和外界交换的内容。它是用于消除事物不确定性的东西。它同物质、能源一样，是当今世界的基本构成要素。它同土地、资本、人力、技术、管理一样，是数字时代的生产要素。

（二）传染病与流行病

1. 传染病

传染病（Infectious Diseases）是由各种病原体引起的、能在人与人、动物与动物或人与动物之间相互传播的一类疾病，具有病原体（简称病原）、传染性和流行性、感染后常有免疫性等特性，有些还有季节性或地方性[①]。根据《中华人民共和国传染病防治法》可知，传染病分为甲类、乙类和丙类。COVID-19 于 2019 年末至 2020 年初，在我国暴发。2020 年 1 月 20 日，国家卫生健康委员会经国务院批准发布公告（2020 年第 1 号），将其纳入《中华人民共和国传染病防治法》规定的乙类传染病，并采取甲类传染病的预防、控制措施。2022 年 12 月 26 日，国家卫生健康委发布公告（2022 年第 7 号），将新型冠状病毒肺炎更名为新型冠状病毒感染；经国务院批准，自 2023 年 1 月 8 日起，解除对新型冠状病毒感染采取的《中华人民共和国传染病防治法》规定的甲类传染病预防、控制措施；新型冠状病毒感染不再纳入《中华人民共和国国境卫生检疫法》规定的检疫传染病管理。同日，国务院联防联控机制综合组印发《关于对新型冠状病毒感染实施“乙类乙管”的总体方案》（联防联控机制综发〔2022〕144 号）[②]。COVID-19 的病原学及流行病学特征，在 2020 年 9 月以来国务院应对新型冠状病毒感染疫情联防联控机制综合组印发的各版本《新型冠状病毒感染防控方案》中有描述。根据《新型冠状病毒感染防控方案（第十版）》（2023 年 1 月 7 日印发），截至目前，新型冠状病毒感染具有的病原学及流行病学特征是：①新型冠状病毒（SARS-CoV-2，以下简称新冠病毒）属于 β 属冠状病毒，对紫外线和热敏感，乙醚、75%乙醇、含氯消毒剂、过氧乙酸和氯仿等脂溶剂均可有效灭活病毒，人群普遍易感，传染源主要是新型冠状病毒感染者；②主要传播途径为经呼吸道飞沫和

---

① 杨绍基，任红. 传染病学[M]. 北京：人民卫生出版社，2008.

② 国务院联防联控机制综合组. 关于对新型冠状病毒感染实施“乙类乙管”的总体方案（联防联控机制综发〔2022〕144 号）[EB/OL].（2022-12-27）.http://www.gov.cn/xinwen/2022-12/27/content_5 733 739.htm.

密切接触传播，在相对封闭的环境中经气溶胶传播，接触被病毒污染的物品后也可能造成感染。目前，奥密克戎变异株已成为国内外流行优势毒株，其潜伏期缩短，多为 2~4 天，传播能力更强，传播速度更快，致病力减弱，具有更强的免疫逃逸能力，现有疫苗对预防该变异株所致的重症和死亡仍有效。

2. 流行病

流行病或大流行病，是流行病学的研究主题。一旦某种疾病，只要它超过了现有的不能忍受的发病水平或者超过了预期标准，就被认为出现了流行现象，就可以被称为流行现象，就要进行调查，解决，找到可以干预的环节来防控。可以这样简单地理解，所谓流行病，就是某一疾病之观察值超过预期值。所谓大流行病，就是某一疾病之观察值远远超过预期值。

（三）突发公共事件

根据《中华人民共和国突发事件应对法》可知，突发公共事件是指突然发生，造成或者可能造成重大人员伤亡、财产损失、生态环境破坏和严重社会危害，危及公共安全的紧急事件。依据发生过程、性质和机理，突发公共事件主要分为自然灾害、事故灾难、公共卫生事件及社会安全事件。按照性质、严重程度、可控性和影响范围等因素，突发公共事件一般分为四级：Ⅰ级（特别重大）、Ⅱ级（重大）、Ⅲ的（较大）和Ⅳ级（一般）。

二、信息流行病的概念及特征

（一）概念界定

2003 年，Rothkopf D J 发现与 SARS 疫情并行的还有一场疫情——“信息瘟疫”，于是最先提出信息流行病（Infodemic）概念。他认为，信息流行病是“一些事实，加上恐惧、猜测和谣言，被现代信息技术在世界范围内迅速放大和传递，以与根本现实完全不相称的方式，影响了国家和国际的经济、政治甚至安全的现象。”在全球化的背景下，在现代信息技术的加持下，一些事实混合着对 SARS 疫情的恐惧、猜测和谣传被迅速放大传递，在特定情境和海量传播中，正以与根本现实完全不相称的方式，冲击和影响着全球经济、政治安全。

相较 SARS 疫情，在 2019 年底至 2020 年初，出现的 COVID-19 疫情，更是由于移动互联网及社交媒体的推动，导致各种虚假信息或谣言更加泛滥，直接催生了世界各国抗击疫情的“第二战场”——抗击信息流行病。

WHO 高度重视伴随 COVID-19 疫情而生的信息流行病。在 2020 年 2 月 2 日发布的《Novel Coronavirus(2019-nCoV)Situation Report-13》报告中，正式提出了“新型冠状病毒信息流行病(Infodemic)管理”，指出“新型冠状病毒的暴发和应对伴随着一场大规模的信息流行病(Infodemic)”，并将信息流行病(Infodemic)的概念界定为，“信息过多——有些准确有些不准确，这使得人们很难在需要时，找到可靠的来源和可靠的指导”。

2020 年 4 月 7 日至 8 日，世界卫生组织流行病信息网(EPI-WIN)举行新冠感染信息流行病(Infodemic)管理全球在线协商。为便于学者们跨学科协商，WHO 进一步界定信息流行病是指疫情防控期间出现的信息过多，有些信息准确，有些信息不准确。它通过数字和物理信息系统以类似于流行病的方式，在人类之间传播。这使得人们很难在需要时，找到可靠的来源和可靠的指导。在流行病期间，人们比平时更需要准确的信息来调整自己的行为，以保护自己、家人和社区免受感染。信息流行病基本上是通过相互关联的方式传播的。信息通过社交媒体平台和其他渠道传播和消费，在 COVID-19 疫情的背景下，全球范围的紧急情况加剧了信息传播。信息流行病可以影响每个国家的公民，解决这些问题是应对疾病暴发的一个新的严峻挑战。

2021 年，WHO 全球传染病风险防范司司长 Sylvie Briand 博士，在《世界卫生组织能力框架：建立应对工作队以管理信息流行病》的前言中指出，信息流行病是指在流行病期间出现的信息过多——有些是准确的，有些不是。这使得人们很难找到值得信赖的来源，也很难找到在突发卫生事件中该怎么想、该怎么做的指导。在 COVID-19 疫情防控期间，全球范围的紧急情况以及通过在线和离线通信渠道传播信息的全球互联方式，加剧了疫情。

我国学者对信息流行病的研究，始于 COVID-19 暴发后，受 WHO 不断强化信息流行病管理的影响。

王世伟(2020)[①] 将 Infodemic 翻译为“信息疫情”，认为，“信息疫情”是与新冠病毒来源、传播与防治相关的信息过速与信息过载的暴发状态，将带来恐慌和混乱等系列问题，具有传播的快速性、信息的过载性、关注的大众性、涉猎的广泛

① 王世伟. 略论“信息疫情”十大特征[J]. 图书馆杂志，2020(3)：19-23.

性、内容的动态性、空间的跨域性、媒体的社交性、污名的歧视性、真伪的难辨性、效果的危害性等特点。

邓向阳（2020）① 将 Infodemic 翻译为“信息流行病”，认为，新兴媒体的快速发展使信息量以指数函数的速度急剧增加，推动社会进入信息过载时代。

方兴东、谷潇、徐忠良（2020）② 将 Infodemic 翻译成“信疫”，认为，“信疫”是“过多的信息（有的正确，有的错误），反而导致人们难以发现值得信任的信息来源和可以依靠的指导，甚至可能对人们的健康产生危害”。

曹劲松（2020③）将 Infodemic 翻译为“信息瘟疫”，认为，在当前网络传播环境下，虚假信息、有害信息等的“信息病毒”，无时无刻不在挑战人们对于信息传播的治理能力。尤其是当“信息病毒”引发大量不实信息海量传播的“信息瘟疫”时，有效防控和阻击“信息疫情”，就成为传播治理中的重要一环。

张超、黄文森（2020）④ 认为，“信息疫情”是指网络上传播过多的、真假不一的信息，可能导致人们在需要信息帮助时，找不到正确、可靠信息的指引，反而可能被虚假的信息所误导。

陈琼（2020）⑤ 认为，“信息疫情”是指过多的无法判断真伪的信息，会导致人们难以发现值得信任的信息源。其中，一些失真信息或错误信息，甚至可能对人们的健康产生危害。

徐剑、钱烨夫（2020）⑥ 认为，“信息疫情”是指在传染病传播期间，与疫情有关的不实信息通过以社交网络为主的网络通信技术向全球公众即刻、广泛传播，对疫情的正确防控造成重大妨碍，撕裂全球抗疫共识，并进一步地助推疫情在全球蔓延。

王子成、周明星（2021）⑦ 认为，自 COVID-19 疫情暴发以来，网络舆论纷繁

① 邓向阳.“信息流行病”的产生、传播与治理[J]. 人民论坛，2020（22）：113-115.

② 方兴东，谷潇，徐忠良.“信疫”（Infodemic）的根源、规律及治理对策[J]. 新闻与写作，2020（6）：35-44.

③ 曹劲松.“信息瘟疫”的危害与防控策略[J]. 传媒观察，2020，435（3）：33-36.

④ 张超，黄文森. 新冠肺炎“信息疫情”的概念、特点及应对策略[J]. 中国记者，2020（5）：59-61.

⑤ 陈琼，宋士杰，赵宇翔. 突发公共卫生事件中信息过载对用户信息规避行为的影响：基于 COVID-19 信息疫情的实证研究[J]. 情报资料工作，2020，41（3）：76-88.

⑥ 徐剑，钱烨夫.“信息疫情”的定义、传播及治理[J]. 上海交通大学学报（哲学社会科学版），2020，28（5）：121-134.

⑦ 王子成，周明星. 突发公共卫生事件中的“信息流行病”及其消解[J]. 社会治理，2021（11）：51-61.

复杂，信息扎堆，并逐渐演化为“信息流行病”。

闫慧等（2021）[①] 在主持国际信息科学与技术学会 2020 年亚太地区会议大会期间举办的以“INFODEMIC：Standpoints and Solution from Information Scientists”为主题的小组讨论会指出，“信息疫情”是指虚假信息或错误信息在社交媒体和其他平台上迅速扩散而形成的疫情。

李小波、郝泽一（2021）[②] 认为，“信息疫情”是传染病疫情暴发后，在现代网络通信技术和新媒体传播等技术加持下，错误信息过载，与正确信息相混杂大范围传播造成无法分辨的危险现象。

陈勇（2022）[③] 认为，信息瘟疫的本质是不同类型的竞争性真相，基于自身利益在全媒体时代努力争夺受众和话语权导致的某个场域信息爆炸，以致影响了国内和国际的经济、政治甚至社会秩序的现象。

王波伟（2023）[④] 认为，虚假新闻、阴谋论、神奇疗法和种族主义新闻正以惊人的速度传播，全球经历了比新冠病毒更严重的信息疫情。信息疫情是新冠疫情的线下危机向线上阵地转移的表征，其更多源自公众对疫情的自我感知。

综上，本书认为，信息流行病也可称为信息疫情、信疫、信息瘟疫，在特定公共事件暴发时，过量（载）信息，有些准确有些不准确，导致人们很难在需要的时候，找到可靠的信息来源和可靠的信息指导，从而危及人们的身体健康、精神健康及社会适应能力，进而影响人民生命财产安全及社会经济稳定发展。

类似于流行病，信息流行病具有三个基本要素——传染源、传播途径和人群易感性。所谓传染源，是指过量（载）信息中的不实信息及虚假信息，特别是假新闻、谣言、“阴谋论”等；所谓传播途径，是指现有的各种正式及非正式信息传播渠道。尤其需要指出的是，在当前移动数字信息环境下，社交媒体极大地促进了信息的快速传播与实时交互，为不实信息及虚假信息的传播创造了条件；所谓人群易感性，是指人群容易受到“信息流行病”感染的程度。它既体现在特定人群容易接受不实信息及虚假信息，从未导致负面结果，也体现在一定人群不易受

① 闫慧，刘畅，张鹏翼，等. 信息疫情：信息科学家的观点与对策[J]. 图书情报知识，2021（1）：136-143.

② 李小波，郝泽一. 信息疫情的内涵、形成机理与应对策略[J]. 北京联合大学学报（人文社会科学版），2021，19（4）：98-111.

③ 陈勇. 信息瘟疫的治安治理[J]. 中国人民公安大学学报（社会科学版），2022（2）：127-134.

④ 王波伟. 动态失衡螺旋与善治传播协同：信息疫情的形成与治理[J]. 传媒观察，2023（2）：79-85.

不实信息及虚假信息影响,或在受到不实信息及虚假信息影响后会产生免疫力。

(二)特征描述

从不同学科角度分析,信息流行病具有如下特征或"病症"。

从信息角度分析,它是海量不实信息及虚假信息与真实信息混杂在一起,导致人们难辨真伪与对错,从而难于获取可靠信息进行各类决策。

从流行病角度分析,它是一种由与真实信息混杂在一起的海量不实信息及虚假信息引起的病症(流行病或传染病)及疫情。其最常见的病症为"信息焦虑并发症""信息疲劳综合征""传播焦虑与恐慌""失眠""社会交流障碍及不适"等;其传染性类似流行病,有潜伏期,甚至长期与网络信息共存,对个人、组织乃至国家产生危害。[①]

从应急管理学角度分析,它与特定突发公共事件相生相伴。例如, WHO 一再强调:自 COVID-19 暴发以来,在世界各国与 COVID-19 疫情同时暴发的还有 COVID-19 信息流行病。

从传播学角度分析,它被移动数字信息环境催生。现代信息环境,特别是移动互联网、社交媒体/自媒体、智能机器新闻等,加剧不实信息及虚假信息传播,进而引发信息流行病。

从截至目前已取得的实证研究成果分析,它随突发公共事件而生,具有渐进性、视频化和反复波动,以及信息内容不实、传播缺乏监管等特点。

二、信息流行病类型

(一)按构成信息流行病分类

从信息维度分析,信息流行病是在现代信息环境下,与特定公共事件相生相伴的信息过载。因此,可根据构成信息流行病的具体信息类型,对其进行分类。

1. 根据信息的内容是否正确

信息流行病由过载信息引起,突发公共事件中不实信息、虚假信息、恶意信息与正确信息混杂在一起,引发信息流行病。过载信息,包括不正确信息及正确信息。其中,不正确信息,又含不实信息、虚假信息、恶意信息。据此,信息流行

① 马费成,宇传华,骈文景. 用谣言抗体防控"信息疫情"[J/OL],半月谈,(2022-2-18).http: //www.xinhuanet.com/webSkipping.htm.

病可分为五种类型。①由海量不正确信息混杂在正确信息中而引起的综合信息流行病,简称综合信息流行病。②由不实信息、虚假信息、恶意信息引起的信息流行病,简称不正确信息流行病。③由不实信息引起的信息流行病,简称不实信息流行病。④由虚假信息(如假新闻)引起的信息流行病,简称虚假信息流行病。⑤由恶意信息(如谣言,阴谋论,污名化等)引起的信息流行病,简称恶意信息流行病。信息流行病中的基于内容是否正确的信息构成见图 1-2。

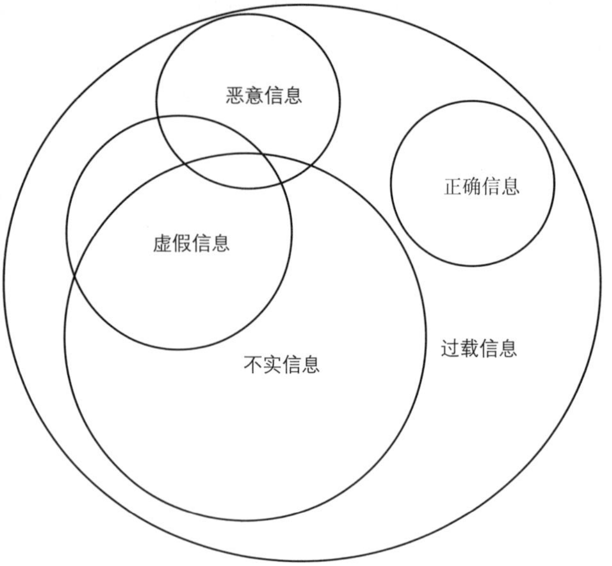

图 1-2 信息流行病中的基于内容是否正确的信息构成

2. 根据错误信息的类型

纷繁复杂的错误信息,渗透于人类的政治活动、广告活动、新闻活动等社会活动之中。它可以分为四种类型[①]。一是政治类错误信息,如外国政策、国内政策等。二是广告类错误信息。三是新闻类错误信息,如假新闻等。四是伪科学类错误信息或伪健康类错误信息。该类错误信息与科学问题或健康问题相关。例如, COVID-19 疫情作为重大突发公共卫生事件,其中充斥伪科学信息与伪健康信息。研究发现,社交媒体提供了促进健康和行为改变的信息,但也导致错误信息的传播加速。据此,我们将信息流行病,也分为四类。一类是由政治类错误信

① 吴世文.重大突发公共卫生事件中的伪信息传播、治理困境及其突破路径:以新冠肺炎疫情为例[J].电子政务,2020(9):40-50.

息引起的信息流行病。比如“阴谋论”、污名化等。二类是虚假广告引起的信息流行病，常见的是假药、“神医”、不实保健品信息等。三类是由新闻类错误信息引起的信息流行病，它直接影响公众对政府、医药机构、防疫部门的信任，以及疫情防控措施能否落实。四类是由伪科学类错误信息或伪健康类错误信息引发的信息流行病，它直接影响政府、医药机构、防疫部门、公众能否科学决策，公众能否正常工作及生活。

3. 按错误信息涉及的主要内容

以 COVID-19 疫情为例。在 COVID-19 疫情中，有关疫情的错误信息的内容主要包括两大类。第一类跟疫情和病毒相关，涉及如何防治 COVID-19、各地防控策略、疫情扩散、疫苗等。第二类是衍生性错误信息，由 COVID-19 疫情衍生而来有关社会经济发展以及居民生活方面的信息。由此，可将信息流行病，也分为两类。一类是由与跟疫情和病毒相关的错误信息引起的信息流行病，这类信息流行病直接影响疫情防控成效。另一类是由疫情和病毒衍生出的错误信息引起的信息流行病，这类信息流行病直接影响社会稳定及经济发展。

（二）按突发公共事件应急管理生命周期分类

突发公共事件应急管理生命周期，分为五个阶段：危机预警及准备阶段；识别危机阶段；隔离危机阶段；管理危机阶段；善后处理阶段。据此，可以将信息流行病划分为五类。一类是产生于危机预警及准备阶段的信息流行病，该阶段的信息流行病有损危机有效预防及避免发生。二类是产生于识别危机阶段的信息流行病。该阶段的信息流行病妨碍快速、精准识别潜伏期危机症状。三是产生于隔离危机阶段的信息流行病。该阶段的信息流行病阻碍有效控制突发事态蔓延与升级。四是产生于管理危机阶段的信息流行病。该阶段的信息流行病影响科学决策及有效沟通，不利稳定事态及防止紧急状态再次升级。五是产生于善后处理阶段的信息流行病。该阶段的信息流行病影响，是从危机处理过程中总结经验教训。

以 2019 年末至 2020 年初暴发的 COVID-19 为例。根据国务院新闻办公室（2020 年 6 月 7 日）发布的《抗击新冠疫情的中国行动》白皮书[①]，该重大突发事

① 国务院新闻办公室.《抗击新冠肺炎疫情的中国行动》白皮书[M/OL].（2020-6-8）人民网. http://jl.people.com.cn/n2/2020/0608/c349771-34070985-4.html

件的应急管理生命周期,可分为五个阶段。第一阶段:迅即应对突发疫情;第二阶段:初步遏制疫情蔓延势头;第三阶段:本土新增病例数逐步下降至个位数;第四阶段:取得武汉保卫战、湖北保卫战决定性成果;第五阶段:全国疫情防控进入常态化。由此,可以将信息流行病对应划分为这五类。一是在迅即应对突发疫情阶段出现的信息流行病。该阶段的信息流行病,与能否准确快速测量和监测突发卫生事件的影响关系密切。二是在出现在初步遏制疫情蔓延势头阶段的信息流行病。该阶段的信息流行病,与能否准确快速检测并理解疫情传播和影响、能否科学决策及有效沟通,以及能否有效应对和部署干预措施等,密切相关。三是在本土新增病例数逐步下降至个位数阶段出现的信息流行病。该阶段的信息流行病,与能否有效控制突发事态蔓延与升级,通密切相关。四是发生在取得武汉保卫战、湖北保卫战决定性成果阶段出现的信息流行病。该阶段的信息流行病,与能否实事求是地总结经验教训密切相关。五是出现在全国疫情防控进入常态化阶段的信息流行病。该阶段的信息流行病,与有能否实现疫情防控与社会经济发展统筹紧密相关。

根据 WHO 在《世界卫生组织能力框架:建立应对工作队以管理信息流行病》中提出的《信息流行病反应 epi 曲线中的五个工作流程图》,管理信息流行病的工作,应沿信息流行病反应 epi 曲线建立五方面的能力。据此,我们也沿信息流行病反应 epi 曲线,将信息流行病分为五种。第一种是在测量和监测突发卫生事件期间发生的信息流行病。它影响个人、社区、社会和卫生系统对疫情演变的认识。第二种是在检测并了解突发卫生事件期间发生的信息流行病。它影响突发卫生事件决策。第三种是在应对和部署干预措施期间发生的信息流行病。它与有效管控危机密切相关。第四种是在评估流行病干预措施期间发生的信息流行病。它影响能否正确评估危机管控成效。第五种是在流行病应对的整个期间发生的信息流行病。它与流行病管理工具开发、调整和应用相关。

(三)按引发的具体疾病分类

从流行病学角度分析,信息流行病是现代信息环境下,有关突发公共事件信息过载而引发的病症及疫情。因此,可根据信息流行病所引发的具体疾病或疫情类型,进行分类。

1. 按常见病症

最常见的病症为“信息焦虑并发症”“信息疲劳综合征”“传播焦虑与恐慌”“失眠”“社会交流障碍及不适”等。

2. 按认知状况

根据对传染源（不实信息与虚假信息构成与来源）、人群易感性、传播途径、防控办法、危害性等知识的了解程度，信息流行病可分为两类。一类是已知信息流行病，另一类是未知信息流行病。对于已知信息流行病，由于人们清楚其构成要素及危害程度，所以能及时采取有效措施防控。对于未知信息流行病，由于人们尚不清楚其构成要素及危害程度，所以一时难以决断采取哪些有效措施来进行防控。

3. 按传染性及危害程度

根据信息流行病中不实信息与虚假信息的传播速度、广度及危害程度，将其分为一级、二级、三级、四级。一级信息流行病中的信息内容失实特别严重，传播特别快、特别广，危害特别大。二级信息流行病中的信息内容失实严重，传播快、广，危害大。三级信息流行病中的信息内容失实较严重，传播较快较广，危害较大。四级信息流行病中的信息内容有失实处，在较小范围内传播，对一定人群有一定危害。

第二节　信息流行病病因模型及生成机理

一、流行病病因的三角模型

流行病病因三角模型是研究病原的重要模型。流行病病因三角模型，又称流行病学三角（Epidemiologic Triangle），如图 1-3 所示。该模型由病原体（致病因素）、宿主和环境三个要素组成。三个要素分别占据等边三角形的一个角，三个要素处于相互影响的关系。该模型表明，流行病发生与否，是三个要素相互作用的结果。如果三个要素相互间保持平衡，流行病就不会发生。如果三个要素中有一种或两种要素发生变化而其他要素未变，三个要素相互间的平衡被打破，流行病就会发生，具体有这几种情况：①如果病原体（致病因素）、宿主和环境保持动态平衡,则流行病不会发生;②如果病原体(致病因素)发生变化。例如,病原体(病毒)毒力、数量(浓度)、传播方式及途径发生更利于致病的变化,则流行病三个要素相互间平衡会被破坏,流行病会发生;③如果宿主状态发生变化,例如免疫力下降,则流行病三个要素相互间平衡遭到破坏,流行病会发生;④如果环境变化,更进一步强化了病原体作用,造成三个要素相互间失衡,流行病会发生;⑤如果环境变化,更进一步降低了宿主对病原体的抵抗力,造成三个要素相互间失衡,流行病会发生。

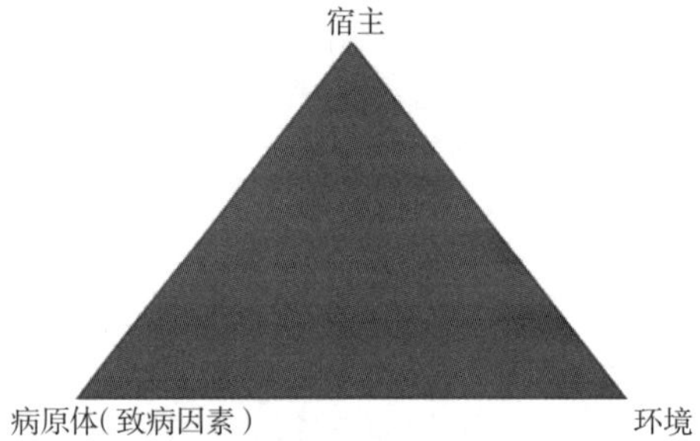

图 1-3　流行病病因三角模型(流行病学三角)

二、信息流行病病因的三角模型

信息流行病是特定公共事件暴发时,过量(载)信息,特别是其中的不实与虚假信息,导致人们很难在需要的时候,找到可靠的信息来源和可靠的信息指导,从而影响人们的身体及精神健康,进而产生社会与生活不适。从流行病学的视角分析,信息流行病也是一种流行疾病。但是,流行病病因构成要素中的病原体是病毒、细菌等微生物,宿主是病毒、细菌等微生物的寄生者与传播者,环境是病毒、细菌等微生物寄生及传播所依托的自然环境(如物理、化学、生物、气候等环境)及社会环境(如政治、文化、宗教等环境);而信息流行病病因构成要素中的病原体是过量(载)信息(特别是不实、虚假及恶意信息),宿主是过载信息(特别是不实、虚假及恶意信息)的受众(寄生与传播者、易感人群),环境是过载信息(特别是不实、虚假及恶意信息)生成、寄生、传播所依托的信息环境以及其他非信息环境(比如,社会及经济环境、科学文化卫生环境、政治及宗教环境等)。

参照流行病病因三角模型,我们构建信息流行病病原三角模型,如图 1-4。

该模型表明，信息流行病由病原体（过载信息）、宿主（过载信息受众或易感人群）、环境（过载信息依托环境）构成，三个要素分别占据等边三角形的一个角，三个要素处于相互影响的关系。

根据信息流行病病原三角模型，信息流行病发生与否，也是信息流行病病原体、宿主及环境三个要素相互作用的结果。

（1）对一个特定系统及流行病而言，如果其过载信息的量，受众过载信息寄生及传播者、易感人群的量，网络信息环境及其他非网络信息环境，三种保持动态平衡，则信息流行病不会发生。例如，2019年末至2020年初，COVID-19疫情暴发后，如果能做到保持有关过载信息、受众、环境三个要素动态平衡，则有关COVID-19疫情的信息流行病就不会产生，人们也不会由此产生“信息焦虑并发症”“信息疲劳综合征”“传播焦虑与恐慌”等病症。

（2）对一个特定系统及流行病而言，如果有关过载信息发生变化。例如，有关内容信息特别是不实信息及虚假信息剧增，谣言、阴谋论、假新闻盛行，传播方式及途径发生更利于大规模人群感染及致病的变化，信息流行病三个要素相互间平衡会被破坏，信息流行病会发生。例如，2019年末至2020年初，COVID-19疫情暴发后，如果能做规范信息正式渠道及非正式渠道，特别是非主流媒体行为，有关COVID-19疫情的不实及虚假信息就不会激增，人们也不会对疫情过分焦虑。

（3）针对一个特定系统及流行病而言，如果过载信息受众（寄生及传播者、易感人群等）自身状态发生变化。例如，由于公众信息素养、健康素养、科学素养发生变化，辨别及抵制谣言、阴谋论、假新闻的能力下降，信息流行病会发生。例如，2019年末至2020年初，COVID-19疫情暴发后，如果能采取措施提高人们信息素养、健康素养、科学素养，则公众就能正确辨析疫情中的不实及虚假信息，其有效应对疫情及正常工作生活的能力就会提高。

（4）针对一个特定系统及流行病而言，如果信息环境发生变化，都会导致信息传播失控，线上线下充斥大量不实与虚假信息，造成三个要素相互间失衡，导致信息流行病发生。例如，2019年末至2020年初，COVID-19疫情暴发后，如果能及时强化来自政府、医疗机构、卫生健康组织、权威媒体、专业人士的信息传播，加强对网络社交自媒体的进一步规范，则有关疫情的不实及虚假信息就能得到有效遏制。

（5）针对一个特定系统及流行病而言，如果社会及经济环境、科学文化卫生环境、政治及宗教环境等环境任一发生变化，都会导致生成、传播信息过载，不实与虚假信息激增，造成信息流行病三个要素相互间失衡，信息流行病会发生。

图 1-4　信息流行病病因三角模型

三、信息流行病生成机理

（一）从过载信息分析

1. 根据信息过载和信息不确定性叠加理论

现在是数字信息社会，信息过载已成为社会常态。当人们无法处理过载的社会信息时，信息的不确定性随之而来。为了降低信息的不确定性，人们会去获取更多新信息或去筛选更多已有信息。然而，当所有人（不管科学、健康、信息、媒介素养如何）都试图通过现代网络媒体来解决信息不确定性时，重复、虚假与无意义的信息就会暴增，信息不确定性就会更进一步强化。如此，信息过载和信息不确定性就会形成恶性循环。信息过载和信息不确定性恶性循环、反复叠加，导致人们的焦虑、倦怠，甚至恐慌等消极情绪增加，“信息病”由此形成。①

2. 根据文献指数增长规律

普赖斯（Price D）在其著作《巴比伦以来的科学》中，以科技文献量为纵轴，以历史年代为横轴，考察统计科学期刊的增长情况，得出科技文献量随时间变化的曲线，即普赖斯曲线，其数学表达式为：

$$F(t)=ae^{bt}$$

其中：$F(t)$表示时刻 t 的文献量；a 统计初始时刻（$t=0$）的起始文献量；e 为

① 邓向阳.“信息流行病”的产生、传播与治理[J]. 人民论坛，2020（22）：113-115.

自然对数的底，其值为 2.718；b 是常数，表示持续增长率。

普赖斯研究发现，科学期刊的数量大约每 50 年增长 10 倍。

普赖斯曲线揭示了文献增长规律。根据该规律，文献量随时间变量呈指数增长。现在是数字信息社会，普赖斯曲线更陡，尤其是如果再遇突发公共事件加持，其文献、知识或信息会更加过载。

（二）从信息与非信息环境分析

1. 根据信息提取多层漏斗模型

在当前的网络信息环境下，信息提取多层漏斗模型，见图 1-5。在该模型中，社交媒体信息居于模型图最上层，其数量最大；新闻媒体信息居于模型图第二上层，数量次于社交媒体信息；实践证明信息居于模型图第二下层，在新闻媒体信息层下面，其数量相对较少；科学知识居于模型图最下层，其数量最少。从社交媒体到科学知识，每一层之间都有着“滤网”，信息逐渐向下沉淀，最终只有极少信息可以成为科学知识。[①] 但是，受社会及经济环境、科学文化卫生环境、政治及宗教环境影响，目前各国对社交自媒体信息的有效过滤机制尚未很好建立，导致循证信息（实践证明信息）及科学知识难于形成及广泛传播，导致信息流行病蔓延。

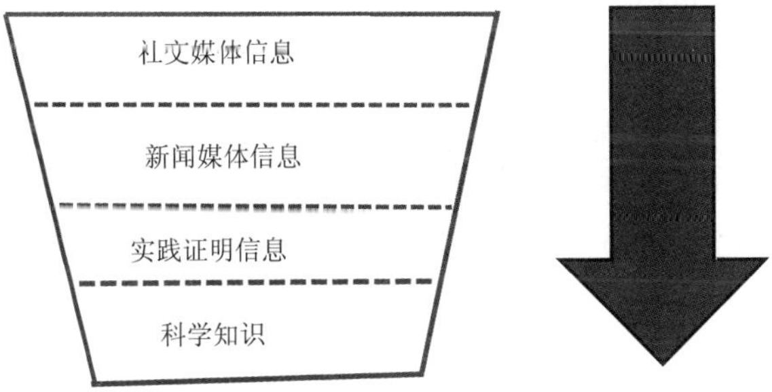

图 1-5　信息提取的多层漏斗模型

2. 根据现代信息环境下的信息传播机制

随着 COVID-19 疫情的暴发，大量真假难辨信息井喷式出现。这次与 COVID-19 相生相随的信息流行病，一方面与 COVID-19 疫情的严重性相关，但最重要的原因，还是因为在现代信息环境下，传统大众传播、大众网络传播、大众

① 李小波，郝泽一. 信息疫情的内涵、形成机理与应对策略[J]. 北京联合大学学报（人文社会科学版），2021，19（4）：99-111.

自传播以及新兴的大众智能传播等四大信息传播，机制交织在一起，形成了全新的信息融合传播格局。[①] 但是，这种全新的信息融合传播目前还需进一步与各国社会、文化、法制、政治环境相适应，并受各国社会、文化、法制、政治环境规制。

（三）从易感人群分析

1. 根据"虚幻真相"效应及"处理流畅性"认知机制

"虚幻真相"效应（Illusory Truth Effect），是指重复的陈述相较于新的陈述能获得人们更高的信任评级。由于大众媒体、政客和社交媒体影响者经常重复许多虚假的事实，虚幻真相的可信度大大增加了。

"处理流畅性"（Processing Fluency）认知机制，是指一个主张被重复得越多，它就变得越熟悉，就越容易处理。

现有研究表明：①事先接触假新闻会增加其被感知到的准确性；②对于似是而非的主张，都可能出现虚幻真相；③先验知识不一定能保护人们免受虚幻真相的伤害；④虚幻真相似乎不会受到思维方式的影响。比如，是分析型或直觉推理型。

2. 根据疏忽解释或经典的推理理论

疏忽解释（Inattention Account）或经典的推理理论认为，人们致力于分享准确的内容，但社交媒体的环境会分散人们的注意力，使他们无法根据对准确性的偏好来做出分享新闻的决定。例如，考虑到人们经常被网上的新闻内容狂轰滥炸，其中大部分是情绪化和政治化的，再加上人们在思考一条新闻的真实性方面的时间和资源有限，可能会严重干扰他们准确分析这些内容的能力，导致易于被信息流行病感染。

3. 根据动机推理解释论

动机推理解释论（Motivated Reasoning Account）认为，人们对与他们具有亲和力团体的忠诚是导致他们有选择地认可那些可以强化根深蒂固的政治、宗教或社会认同的媒体内容的原因。这表明，更多的反思和分析（推理能力）并不能帮助人们做出更准确的评估。事实上，人们经常被劫持，以服务于基于身份的推理，也就是经常被人们戏谑的"屁股决定脑袋"。"屁股决定脑袋"而非"实事

---

① 方兴东，谷潇，徐忠良．信疫（Infodemic）的根源、规律及治理对策：新技术背景下国际信息传播秩序的失控与重建[J]．新闻与写作，2020（6）：35-44.

求是”作决策，易于导致信息流行病。

4. 根据信息级联理论

信息级联理论认为，人们在某些情境下，倾向于认为他人所提供的信息比自身以其他方式获取的信息，更具可信度和合理性，进而会忽略自身所获得信息的可靠性，从众性地选择加入该类人群，并与所参照群体的认知保持一致。这种信息交换的模式引发的极化效应，使持不同观点的人之间的不信任扩大，永久两极分化的风险增强。

5. 根据错误信息的“逆火效应”

逆火效应，是指当个体遇上与自身信念抵触的观点、证据等信息时，除非它们足以完全摧毁原来的信念。否则，人们会忽略或反驳它们，反而使原有信念更加强化。信息流行病正是由于逆火效应，而扩大了不实及错误信息的数量级。

6. 根据信息茧房或回音室效应

信息茧房（Information Cocoons），指的是在信息传播中，公众只注意自己选择的和使自己愉悦的东西，久而久之，就会将自身桎梏于像蚕茧一般的“茧房”中。

回音室效应（Echo Chambers），指的是在一个特定的网络及相对封闭的环境中，一些意见相近的声音不断重复，并以夸张或其他扭曲形式重复，以至于无论该信息的真伪，处于相对封闭环境中的大多数人认为这些扭曲的故事就是事实的全部，而该网络外部的任何信息，都很难在这个网络中传播或者不会达到这个网络中。

在实践中，在网络社交媒体/自媒体的意见领袖、大咖的加持下，在人工智能基于用户喜好的算法的作用下，人群意见分歧加剧且固执己见，信息茧房或回音室效应不断放大，以致信息流行病流行，不同意见的人群，对立极化。

第三节　信息流行病的危害

一、信息流行病有害影响的框架

与 COVID-19 相生相伴的全球信息流行病，导致人们对医疗和公共卫生干预的益处产生混淆,对风险与健康行为产生了重大影响,削弱了人们对卫生当局的信任,并损及了公共卫生应对措施和政策的有效性。因此,有必要采取标准化措施,以系统及稳妥方式量化信息流行病的有害影响,从而监测、识别和减轻未来在应急准备和预防中的信息流行病危害。为此, WHO 于 2021 年 11 月,举行了第五届信息流行病管理会议,提出了更为广泛衡量信息流行病有害影响的概念框架(图 1-6)。该概念图分为四个部分,代表信息流行病与信息动力学的影响,以及其对个人健康和社会影响的影响。

第一部分为信息生态系统,具体涉及线上和线下信息(Information)、不实信息(Misinformation)、虚假信息(Disinformation)、恶意信息(Malinformation)的社会背景(Social Context)、内容生产(Content Generation)、媒体(Exposure Mediators),以及它们相互间的关系。

第二部分为个体影响,具体涉及在特定信息生态下,个体信息消费行为(受风险媒介影响,与认知过程产生相互影响)、认知过程(受风险媒介影响,对健康行为、直接心理结果、间接心理结果产生影响)、风险媒介(影响信息消费行为及认知过程)、健康行为(受认知过程以及公共卫生干预措施影响,与直接心理结果产生相互影响,影响个体健康及幸福)、公共卫生干预措施(影响健康行为)、健康及幸福(受健康行为、直接心理结果影响,影响患病率)、死亡率(受健康及幸福影响,对患病率产生影响)、直接心理结果(受认知过程影响,与健康行为、健康及幸福、间接心理结果相互影响,对社会影响及经济影响产生影响)、间接心理结果(受认知过程影响,与直接心理结果相互影响,对社会影响及经济影响产生影响)。

第三部分为卫生系统的影响,涉及公共卫生干预措施(对个体健康行为产生影响)、患病率(对保健延误和失误、患病致死率、健康卫生系统成效、经济影响产生影响)、患病致死率(受死亡率、患病率影响,对健康卫生系统成效、经济影响产生影响)、保健延误和失误(对健康卫生系统成效产生影响),健康卫生系统成效(受死亡率、患病率、保健延误和失误影响,与经济影响相互影响)。

第四部分为对经济社会的影响,除了涉及第三部分的卫生系统外,还具体涉及经济影响(受间接心理效果、直接心理效果、患病率、健康卫生系统结果影响,与社会影响产生相互影响),以及社会影响(受间接心理效果、直接心理效果、患

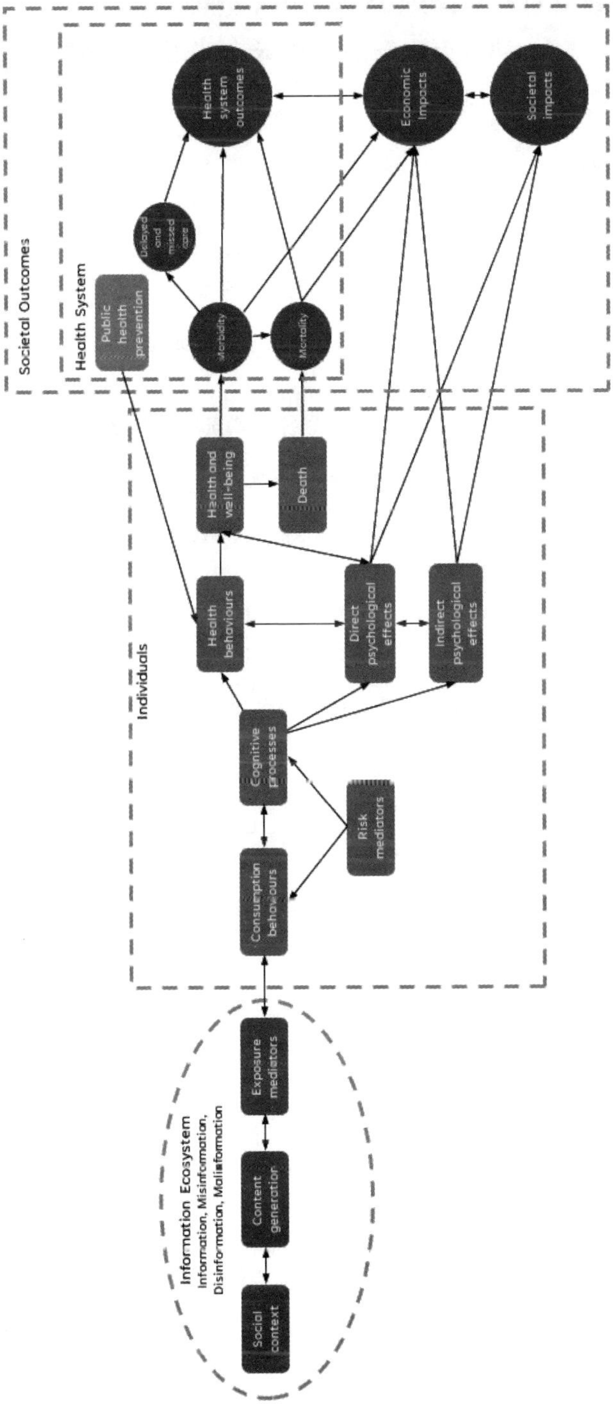

图 1-6 衡量信息流行病有害影响的概念框架

病率、健康卫生系统结果影响,与经济影响相互影响)。

图 1-6 所示的概念框架,为我们制定指标、确定方法、系统测量与评估信息流行病有害影响等,奠定了理论基础。

二、文献调研

信息流行病伴随特定公共事件暴发而暴发,直接影响人们的认知与情绪,从而危及人民生命财产安全及社会经济稳定发展。截至目前,国内外学者及世界卫生组织从多角度总结信息流行病的危害或后果,取得较丰硕的成果,具体见表 1-1。

表 1-1 国内外关于信息流行病危害的论述

序号	作者(发表时间)	信息流行病(疫情,信疫,信息瘟疫)危害(不良后果)	来源
1	David J.Rothkopf (2003)	信息流行病影响国家和国际的经济、政治甚至安全	.Washington Post
2	World Health Organization (2020)	人们很难在需要时找到可靠的信息来源和可靠的指导	Novel Coronavirus Situation Report-13
3	Sylvie Briand (2021)	信息流行病的负面后果:困惑和恐惧(尤其是在脆弱和有风险的人群中)、对机构失去信任、误解和污名。所有这些都可能导致个人不参与适当的决策。在大流行的背景下,这可能会导致疾病和死亡	WHO competency framework: Building a response workforce to manage infodemics. a
4	晏国政(2020)	造成部分群众认知混乱,压缩权威正面信息传播空间,消减战“疫”效果	半月谈网
5	邓向阳(2020)	导致人们信息处理效率下降,焦虑、倦怠,甚至恐慌等消极情绪随之产生	人民论坛
6	曹劲松(2020)	加剧心理恐慌,助长社会歧视,放大矛盾冲突,消解相互信任	传媒观察
7	吴世文(2020)	干扰公众认知,诱导人们形成错误观念,乃至采取不当行为,不利于疫情防控	电子政务
8	雷静(2020)	从众而“纵”,扰乱视听。片面而“误”,混淆真相。群起而“攻”,激化矛盾。恶意而“诱”,扩大恐慌	领导科学
9	方兴东,等 (2020)	为民众带来过度的恐惧、焦虑情绪。导致人们无法做出正确判断,盲从假信息进行错误行动。令人们之间产生误解,加剧种族之间的对立和冲突。已成为很多社会问题的根源与导火索	新闻与写作

续表

序号	作者（发表时间）	信息流行病（疫情，信疫，信息瘟疫）危害（不良后果）	来源
10	陈琼，等（2020）	使人们产生负面情绪并夸大自身感染新冠感染的可能性，从而导致减少信息的接触行为	情报资料工作
11	王子成，等（2021）	易滋生“地域歧视现象”，易冲击科学精神，易导致“主体自觉道德”迷惘，易使“信任公权心态”产生波动	社会治理
12	李俊，等（2021）	极易对主流舆论阵地造成冲击，极易对公民道德建设造成负面影响，极易对社会和谐稳定造成破坏	知乎
13	陈维龙，等（2022）	一是交融泛在（一旦形成，将难以回避）。二是快速扩散（倘若放弃“把关人”管制逻辑，后果将变得难以预料）。三是隐匿遁形（其隐匿遁形特征便于其悄然成形，不容小觑）。四是污名歧视（其在国际范围内的污名化和泛政治化已显现危害，且破坏力极强）。五是平台失灵（数字时代的“信息疫情”，离不开超级平台的聚合和扩散效应，这种平台在给网民带来便利的同时，也会迸发出强大的“爆破力”）	湖南师范大学社会科学学报
14	程慧平，等（2022）	一是认知失调（当两种或两种以上相矛盾的认知、态度与行为发生时，人们会经历一种令人不安的心理状态）。二是消极情绪，含消极高唤醒情绪（愤怒、恐惧、焦虑、紧张、烦躁）及消极低唤醒情绪（倦怠、担心、抑郁）。三是消极行为（如屏蔽、退出、减少使用信息等），由认知失调及消极情绪引起	情报科学
15	马费成，等（2022）	导致社会公众恐慌、焦虑，造成信息混乱，扭曲人们的认知和行为，干扰正常的生产生活	半月谈
16	王波伟（2023）	权威信源缺位（信息供给不足）致使公众恐慌，信息无序加剧公众区隔，信息过载催生公众焦虑，信息过窄引发公众失智，信息污染导致舆情失衡	传媒观察
17	王世雄（2023）	因为不准确的信息产生集体恐慌，严重影响疫情防控和社会稳定	情报资料工作

三、对信息流行病危害的分析

（一）对信息生态系统的危害

信息流行病的致病因素或称病原体是线上和线下的信息，特别是不实信息、虚假信息、恶意信息。在现代信息环境下的公共突发事件中：一方面，信息（尤其是不实、虚假、恶意信息）暴增，引发信息流行病；另一方面，信息流行病流行，也导致信息(尤其是不实、虚假、恶意信息)暴增,导致信息生态系统扭曲,对信息的社会背景、内容生产及曝光媒体产生严重影响。

信息生态系统是信息在其生命周期内的生态特征。一种典型的信息生态系统,如图 1-7 所示。图 1-7 表明,人们的研究要经历"选题——实验或田野调查——得出研究结果"过程。经历这一过程形成的研究数据、信息及成果,首先经非正式渠道传播,形成零次文献信息(如一手资料、数据、会议发言稿、社交媒体上推送的信息等);其次是正式渠道传播,形成原始文献信息或一次文献(如经同行评议的会议论文、期刊论文,研究报告等);再次是在零次、一次文献信息基础上经系统化精炼加工,形成二次文献信息(如综述、专著、专题论文集、手册等),进行二次文献传播;最后,是在零次、一次、二次文献信息基础上,经索引加工,形成三次文献信息(如文献数据库、专题摘要、专题搜索引擎等),进行三次文献传播。

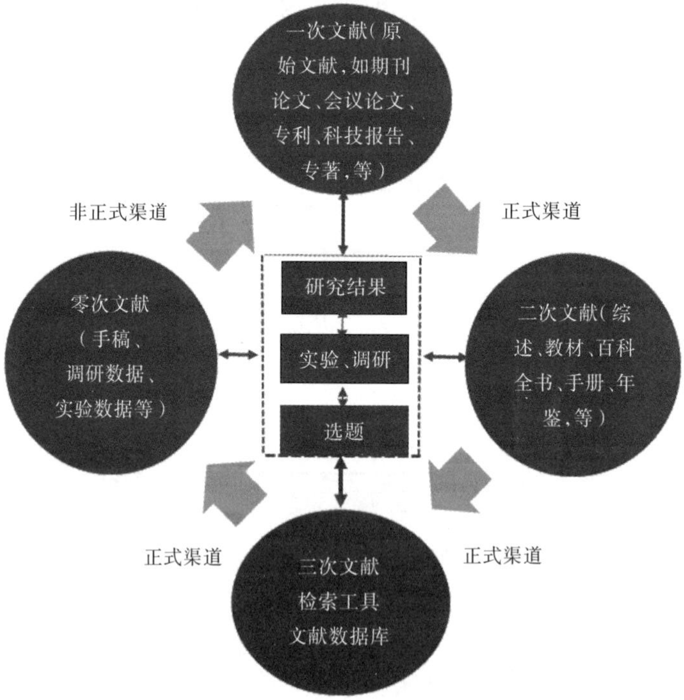

图 1-7 基于学术信息传播的信息生态系统

在现代信息环境下的公共突发事件中，信息流行病对信息生态系统的危害主要体现在以下三个方面。

1. 导致信息社会背景异化

信息流行病导致信息社会背景异化，其在信息生态系统中的具体体现为。一是在应对突发事件的工作安排及研究主题的设置及选择上，难以面向公众迫切需求，科学精神缺乏，有的机构及人员甚至"甩锅"或不择手段地谋利，导致公众对政府、防疫部门、医疗机构失去信任。二是信息非正式传播渠道与正式渠道传播失衡，特别是未经审核把关的自媒体社交信息充斥网络，而经严格审核及同行评议的信息，难以通过正式渠道传播抵达相关部门及人员，导致相关部门及人员难以决策；三是有关公共突发事件的二次文献信息及三次文献信息不能及时形成、不能方便公众快速获取相关信息以释惑解难。

2. 影响信息内容生产

信息流行病严重影响信息内容生产，其在信息生态系统中的具体体现为。一是在内容上，为博眼球赚取流量，不实信息、虚假信息、恶意信息在社交自媒体上被大量生产、传播，混淆视听，造成社会混乱。二是利于循证及宣传普及的权威信息生产数量少、传播慢，难以满足公众需求，导致公众迷茫。

3. 引发媒体失责失信

媒体是社会的良心。在现代信息环境下的公共突发事件中，不实信息、虚假信息、恶意信息不仅充斥社交自媒体，也对以曝光社会的媒体产生影响，甚至有一些权威主流媒体，为抢首发，往往也放宽审查、监控，从而出现虚假新闻媒体，引发媒体失信。

（二）对公众个体的危害

信息流行病影响公众个体，其危害体现在影响公众信息消费行为、认知过程、健康行为、健康及幸福、直接心理效果、间接心理效果等。

1. 影响公众个体信息消费行为

信息流行病影响公众个体信息消费行为，带来的危害主要表现在：公众易于沉溺短视频等海量碎片化信息中、易于生活在信息"茧房"中，从而加深公众个体的信息不确定性及信息极化，导致"信息焦虑"及"信息对立"。

2. 影响公众个体认知过程

信息流行病影响公众个体认知过程，带来的危害主要表现在：过载信息特别是不实信息、虚假信息、恶意信息，压缩权威正面信息传播空间，干扰公众认知；诱导人们形成错误观念，乃至采取不当行为，造成部分群众认知混乱，干扰疫情防控。

3. 影响公众个体健康行为

信息流行病影响公众个体健康行为，以 COVID-19 突发公共卫生事件为例，带来的危害主要表现在：大量的不实信息，误导疫情预警及防备，误导疫情防控，误导疫病救治、误导疫情应对常态化，影响公众正常工作及健康生活。

4. 影响公众个体健康及幸福

信息流行病影响公众个体健康幸福，以 COVID-19 突发公共卫生事件为例，带来的危害主要表现在：经常暴露在过载信息特别是不实信息、虚假信息、恶意信息中，公众个体会患“信息焦虑并发症”“信息疲劳综合征”“传播焦虑与恐慌”“失眠”“社会交流障碍及不适”等病症，这些病症会关乎公众个体身体及精神健康，影响其生活幸福。

5. 影响公众个体心理结果

信息流行病影响公众个体心理结果，含直接结果及间接结果。以 COVID-19 突发公共卫生事件为例，带来的危害主要表现在：一是受大量不实信息、虚假信息、恶意信息影响，公众个体会产生与健康和疾病关系最直接的应激心理反应。诸如，焦虑、疲劳、恐慌、失眠，甚至抑郁，这是直接心理结果；二是在过载信息环境中，产生社会不适应症，这是间接心理结果。

（三）对健康系统的危害

信息流行病影响卫生系统，其危害体现在影响公共卫生干预措施、患病率、保健延误和失误、健康卫生系统成效等方面。

1. 影响公共卫生干预措施

信息流行病影响公共卫生干预措施能否实施及其实施效果。例如，关于疫苗的不实信息及虚假信息，直接影响公众疫苗接种意愿。关于某些药物的不实信息及虚假信息，直接影响对 COVID-19 患者的治疗。

2. 影响患病率

在由疫情引发的公共卫生事件中，信息流行病影响疫情疾病患病率，包括感染病毒引发的疫病及触发的基础病，以及由信息过载而引发的心理疾病等。

3. 导致保健延误和失误

在由疫情引发的公共卫生事件中，信息流行病影响公众个体信息行为、健康行为以及认知能力；过载信息特别是不实信息、虚假信息、恶意信息，误导人们的健康决策，导致保健延误和失误。

4. 影响健康卫生系统成效

信息流行病直接影响健康卫生系统成效。不实信息、虚假信息、恶意信息混杂在正确信息中，导致正确信息难于在人们需要的时候及时被发现。由信息流行病引发的不良信息消费行为、健康行为，直接关乎健康卫生系统能否有效运行。由信息流行病引发的认知障碍，直接影响系统各类资源优化配置及利用最大化。

（四）对社会及经济的影响

信息流行病影响社会经济发展成效，这里的社会经济发展成效是包括卫生系统成效在内的经济影响与社会影响等。以由 COVID-19 疫情引发的公共卫生事件为例，信息流行病随 COVID-19 疫情暴发而暴发，与 COVID-19 疫情应对密切相关，人们在抗击 COVID-19 病毒时，同样也在与信息流行病作斗争。如果信息流行病蔓延，则 COVID-19 疫情就不能被有效抑制。COVID-19 疫情不能被有效抑制，人们的工作及生活就将受限，社会与经济发展就将被严重制约。

第二章 对信息流行病网络扩散的研究

在已取得的信息流行病病理研究成果的基础上，研究突发事件中信息流行病的网络扩散问题，为后续研究信息流行病防治及治理奠定基础。

第一节 信息流行病网络扩散过程

一、从流行病学角度分析

从流行病学的“流行病病因三角模型”分析，在移动互联网以及社交自媒体背景下，信息流行病的扩散就是信息流行病的病原（过载信息，尤其是其中的不实、虚假及恶意信息），通过传播渠道，导致宿主（过载信息的寄生者、传播者、易感者）感染，以致感染者不断增加的过程，如图 2-1 所示。

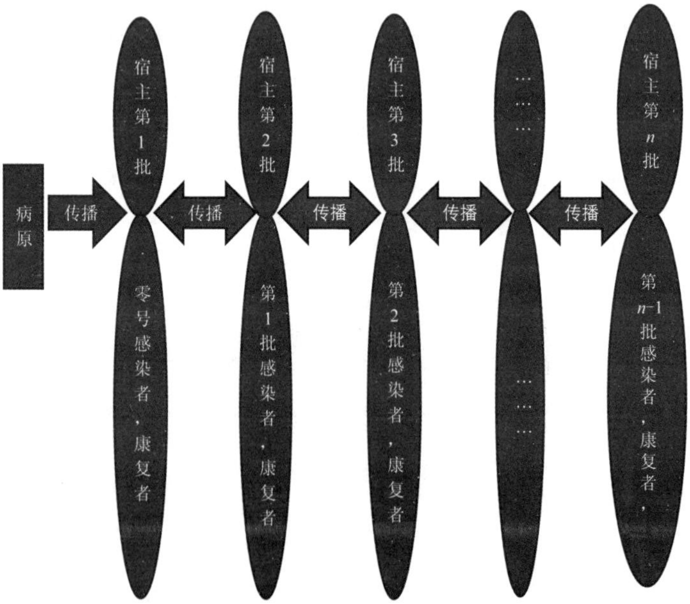

图 2-1 流行病学视角下的信息流行病扩散过程模型

根据图 2-1 所示模型,公共突发事件中信息流行病网络扩散的具体过程如下。

第一步,信息流行病病原突破宿主防御体系,产生第 1 批宿主,导致零号感染者感染。

第二步,信息流行病零号感染者导致第 1 批感染者感染。同时,第 2 批宿主产生,零号感染者有可能康复。

第三步,信息流行病第 1 批感染者感染导致第 2 批感染者感染。同时,第 3 批宿主产生,部分或全部第 1 批感染者康复。

第四步,信息流行病第 2 批感染者导致第 3 批感染者感染。同时,第 4 批宿主产生,部分或全部第 1、2 批感染者康复。

…………

第 n 步,信息流行病第 n 批感染者感染导致第 $n+1$ 批感染者感染。同时,第 $n+2$ 批宿主产生,部分或全部第 1 至第 $n-2$ 批感染者康复。

该模型显示的信息流行病扩散过程,为我们从流行病视角研究信息流行病病原(尤其是不实、虚假、恶意信息)特征、宿主(包括寄生者、传播者、易感者)特征,以及传播规律(途径、方式、过程及规模)提供了指引,是信息流行病理论研究的重要内容。

二、从信息论角度分析

流行传染病的病原(病原体,也称致病因素)是致病细菌、病毒等微生物。与此类似,信息流行病的病原是过载信息,尤其是不实、虚假、恶意信息。从本质上分析,信息流行病病原的传播、扩散或感染,就是过载信息的传播、扩散或传递。

借鉴美国贝尔电话实验室的申农(Claude Shannon)及其合作者韦弗(Warre Weaver)在 1949 年提出的“申农—韦弗通信系统模型”①,我们提出突发公共事件中信息流行病的网络扩散过程模型,如图 2-2 所示。

① 郭庆光. 传播学教程[M]. 北京:中国人民大学出版社,2011.

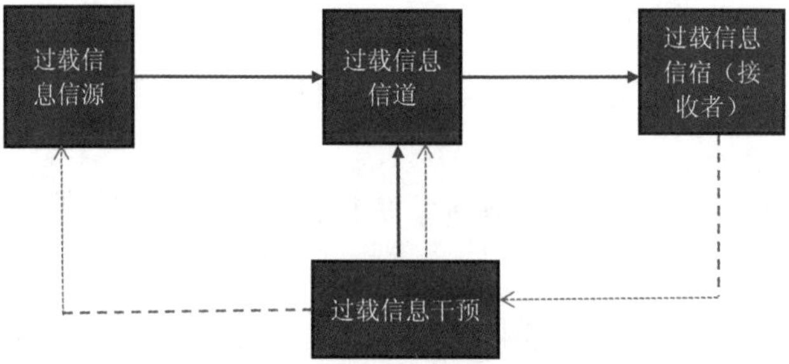

图 2-2 在信息论视角下,信息流行病网络扩散过程模型

在该模型中,过载信息信源是公共突发事件中过载信息的来源,是信息流行病的病原体。它主要来源于不实、虚假、恶意信息的原始生产者或提供者、系统平台或个人账号。这些原始生产者或提供者(既可以是机构,也可以是个人),系统平台或个人账号,处于自身政治、经济利益而散布不实、虚假、恶意信息(如虚假新闻、"神话"、谣言、阴谋论等)。

过载信息信宿是公共突发事件中过载信息的接收者,是信息流行病的易感者。那些缺乏信息素养、媒介素养、健康素养、科学素养的接收者,更容易受到不实、虚假、恶意信息影响,被其感染。

过载信息信道是把公共突发事件中的过载信息传递给接收者的渠道。在移动互联网以及数字信息背景下,社交自媒体等媒介由于缺乏监管,越来越成为传递(散布)过载信息的主渠道。

过载信息干预是在公共突发事件中,对过载信息(特别是不实、虚假、恶意信息)的传递进行干预,延缓乃至阻止其蔓延。

根据该模型,在公共突发事件中信息流行病网络扩散过程,就是过载信息(信源)经各类传播渠道(特别是社交网络及自媒体)(信道)向缺乏辨识与免疫力人群(信宿)传播并产生负面效应的过程。过载信息由信源经信道传递到信宿,其间会受到延缓乃至阻止其蔓延的有关措施干预。过载信息接收者(信宿)接受到过载信息后,会产生两种行为:一是吸收并被感染,二是抵御并免疫。这两种行为,无论哪种,都会向过载信息干预及过载信息信源反馈,并对过载信息信道产生影响。

该模型显示的信息流行病扩散过程,为我们从信息论角度研究过载信息(特别是不实、虚假、恶意信息)来源、传播渠道、接收者、干预措施等问题,提供了概念框架，是信息流行病理论研究的重要内容。

三、从传播学角度分析

信息流行病病原是过载信息（特别是不实、虚假、恶意信息），谣言属于虚假及恶意信息。因此，研究信息流行病网络扩散过程，可以借鉴传播学相关谣言传播理论。本书参考匡文波，武晓立（2020）提出的突发公共卫生事件中网络谣言传播模型[①]，提出突发公共事件中信息流行病网络扩散过程模型，如图 2-3 所示。

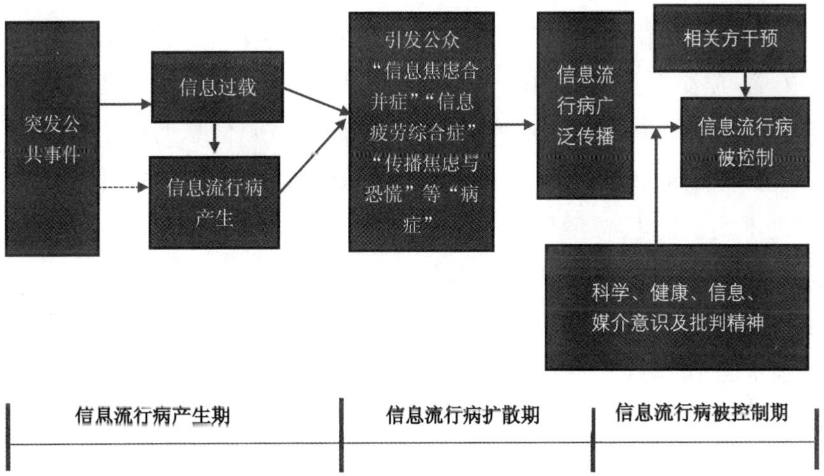

图 2-3　在传播学理论视角下，信息流行病网络扩散过程模型

该模型显示：①信息流行病随突发公共事件发生而产生，其生命周期由三个发展阶段组成——产生期、扩散期、被控制期；②任何时候的突发公共事件都会产生信息流行病，但是，在现代网络信息环境下，突发公共事件导致信息过载，从而更使信息流行病加剧；③在产生期，突发公共事件中的信息过载即信息流行病的产生，引发公众"信息焦虑合并症""信息疲劳综合症""传播焦虑与恐慌"等"病症"；④在扩散期，信息流行病被广泛传播；⑤在被控制期，由于相关方（特别是政府部分、医疗卫生部门、科普及主流媒体）干预，以及公众科学意识、健康意识、信息意识、媒介意识及批判精神的增强，信息流行病被控制，甚至被消解。

该模型显示的信息流行病扩散过程，为我们从传播学角度研究信息流行病

① 匡文波，武晓立．突发公共卫生事件中网络谣言传播模型及特征研究[J]．新闻与写作，2020（4）：83-87.

产生、传、控制等问题奠定基础，是信息流行病理论研究的重要内容。

第二节 信息流行病网络扩散动力

研究信息流行病的网络扩散动力的实质，是研究在突发公共事件中，是什么在驱动（或遏制）过载信息（尤其是不实、虚假、恶意信息）向其接收者散播或传递。截至目前，国内在这方面取得的相关成果主要有：邓忆瑞（2008）在网络空间信息扩散内涵和系统构成的基础上，将信息扩散的动力分为内源动力、外源动力和阻力，对各要素作用力进行阐述与分析，构建了网络空间信息扩散的动力模型[①]；邓忆瑞、徐小峰（2012）在网络空间信息扩散系统和外在动力分析的基础上，对信息扩散的机制进行了研究，同时还论述了信源信息的传播机制[②]。邓忆瑞、徐小峰取得的成果，虽然其研究对象是有效信息而不是本书所研究的过载信息（特别是不实、虚假、恶意信息），但毕竟无论是有效信息还是过载信息，其本质都是信息，所以，他们的成果可为我们的研究提供借鉴。

突发公共事件中信息流行病网络扩散是过载信息（尤其是不实、虚假、恶意信息）随时间推移在网络空间上不断散布、不断影响接收者（信宿）的过程。驱动它扩散的动力，有信源扩散力、信宿接受力以及环境干预力，是这三力之和，具体如图 2-4 所示。

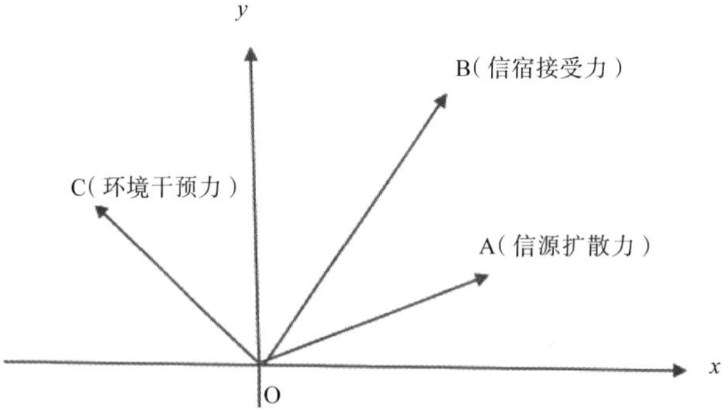

图 2-4 信息流行病网络扩散动力构成示意

① 邓忆瑞. 网络环境下信息扩散的动力机制研究[J]. 图书情报工作，2008（9）：94-96，101.

② 邓忆瑞，徐小峰. 网络环境下信息扩散机制研究[J]. 情报科学，2012（11）：1621-1627.

信源扩散力（OA），是由过载信息（尤其是不实、虚假、恶意信息）信源引发的信息流行病网络扩散内驱力。突发公共事件中的信源信息越海量、越不实、越虚假、越恶意，则推动信息流行病扩散的内驱力的值越大。

信宿接受力（OB），是由信宿（过载信息接收者）需求量、接受量及免疫能力引发的信息流行病网络扩散内驱力。在突发公共事件中，信宿过载信息需求及接受量越大，再加之免疫能力越低，则推动信息流行病扩散的内驱力的值越大。

环境干预力（OC），是由信息环境以及非信息环境（如经济、社会、政治、文化环境等）产生的信息流行病网络扩散外驱力。在突发公共事件中，干预过载信息（特别是不实、虚假、恶意信息）扩散及接收者接受行为的网络信息环境、经济社会政治文化环境越好，则抑制（避免）信息流行病扩散的外驱力的值越大。换句话说，推动信息流行病扩散的外驱力的值越小。

当信息流行病网络扩散系统中的信源扩散力、信宿接受力、环境干预力三力之和的值，随时间一直等于零，则表示信息流行病网络扩散得到避免；当三力之和的值，随时间一直为一定值，则表示信息流行病网络扩散趋于稳定；当三力之和的值，随时间的值越来越大，则信息流行病网络扩散趋重于更严重；当三力之和的值，随时间的值越来越小，则信息流行病网络扩散趋缓。

根据信息流行病网络扩散动力等于信源扩散力、信宿接受力、环境干预力三力之和，再借鉴邓忆瑞（2008）构建的网络空间信息扩散的动力模型，本书提出突发公共事件中信息流行病网络扩散动力模型，如图2-5所示。该驱动力模型显示内容如下。

（1）信息流行病网络扩散是信源扩散、信宿接受、环境干预三者相互作用的结果，其动力既来自由信源扩散力与信宿接受力组成的内源力，也来自由信息环境产生的干预力与由非信息环境（如经济、社会、政治、文化环境等）产生的干预力，这两种干预力共同构成组成的外源力。

（2）信息流行病网络扩散内源力是信源与信宿相互作用所产生的合力。这个合力，由过载信息信源原动力、过载信息信源供应推动力、过载信息信宿需求牵引力和过载信息信源信宿势差推动力组成。

过载信息信源原动力，是由于过载信息为自身存在需要而产生的扩散动力。过载信息，同其他任何信息一样，都有生命周期。当过载信息在特定的时间和空间达到一定量或快进入衰退期时，它就要向周围节点流动以寻找新的生存空间。

过载信息信源供应推动力，是过载信息信源为达到某种目的或谋取某种利益而自发推动信息扩散的动力。过载信息信源是信息流行病扩散的引发者，为达到某种目的或谋取某种利益，它会将其所拥有的信息（特别是不实、虚假、恶意信息）不断地向其他节点传播扩散。

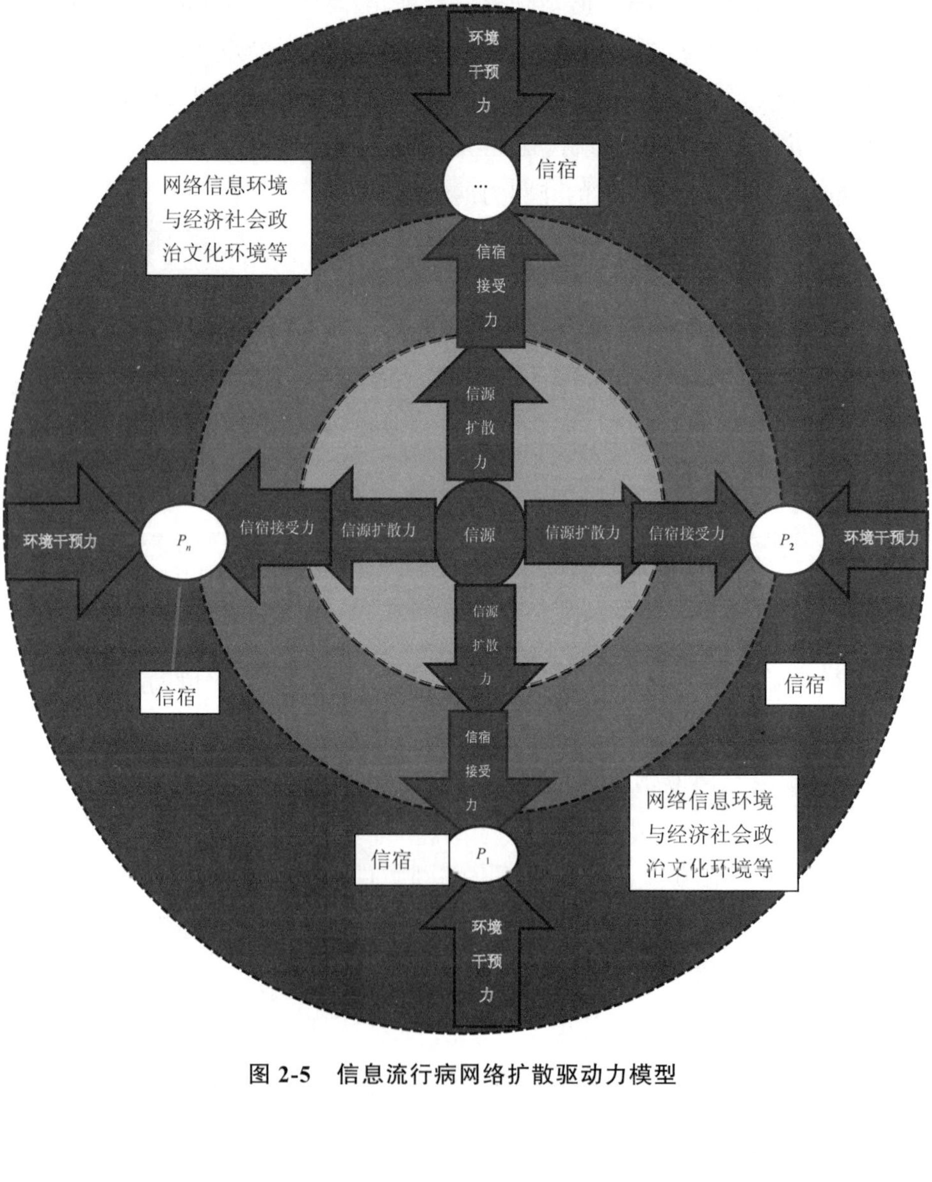

图 2-5 信息流行病网络扩散驱动力模型

过载信息信宿需求牵引力，是由过载信息信宿需求引发的信息扩散内驱动力。过载信息需求与被接受，是信宿对信源和环境要求的反映，是其一切行为的内驱力。在扩散活动中，信宿由于自身知识结构、信息及健康素养，免疫力等情况，对过载信息加以选择、吸收，被过载信息感染。

过载信息信源信宿势差推动力，是由于过载信息信源与信宿之间的信息势差而产生的内源性推动力。信源与信宿在过载信息拥有方面存在的差异，这种差异既可体现在数量方面，同时也可体现在质量方面。如同电流是在电势差的情况下产生的一样，如果过载信息存在势差，就可能产生信息流行病扩散。

（3）信息流行病网络扩散外源力，由来自信息环境的干预力与来自非信息环境的干预力组成。来自信息环境的干预力，也称为网络力，具体由网络互通力（又叫全网互通性）、网络群聚力（也叫互通节点无限性）和网络同步力（也叫节点间通讯时差极小性或实时性）组成。来自非信息环境的干预力，也称非信息环境阻力，可再分为来自经济社会环境的干预力、来自社会环境的干预力、来自政治环境的干预力、来自文化环境的干预力等。

（4）由信源与信宿相互作用所产生的内源动力，是突发公共事件中的流行病（或过载信息）网络扩散的基础，同时也是其形成与发展的源动力；由信息环境产生的干预力或网络力（含互通力、群聚力和同步力），以及由非信息环境（如经济、社会、政治、文化环境等）产生的干预力或阻力，与信息流行病网络扩散的速度及规模高度关联。

（5）要遏制或消除信息流行病，一是要从信源、信宿入手，减少过载信息信源原动力、过载信息信源供应推动力、过载信息信宿需求牵引力，以及和过载信息信源信宿势差推动力等内源动力。二是要从信息环境与信息环境入手，增加来自信息环境的干预力以及来自非信息环境的干预力。这些干预力是信息流行病网络扩散的外源力。

信息流行病网络扩散驱动力模型，揭示了网络空间信息扩散动力的本质及构成因素，为我们从信息科学以及信息资源管理角度，系统研究信息流行病问题，奠定了基础，是信息流行病理论研究的重要内容。

第三节 信息流行病网络扩散规模

在现代信息环境下，突发公共事件中的信息流行病的网络扩散，与传染病传播存在相似性，可以运用传染病传播的模型分析其扩散规模（特别是求解信息流行病的基础感染率及传播概率等）。在现有的基于传染病相关模型的信息流行病网络传播规模研究中，SIS、SIR、SEIR、SEIRS、UKSI 等模型得到了较为广泛的运用。截至目前，这方面的研究成果如下。

Sudbury A J（1985）借鉴传染病模型中的 SIR 模型，探究谣言的传播规律。模型设置的演化规则比较简单，但是为后继学者利用传染病模型研究舆情信息的传播演化提供了思路。①

Hill A L 、Rand D G , Nowak M A 等（2010）认为，在线社交网络中谣言的传播与传染病传播，在规律上存在相似性。对其传播规律的研究，可以借鉴 SIS、SIR、SEIR、SEIRS 等模型。②

陈波、于泠、刘君亭等（2011），将传统传染病模型推广到泛在媒体环境，建立了带直接免疫的 SEIR 舆情传播控制模型，并证明了模型的传播平衡点及稳定性。③

陈福集、陈婷、郑小雪（2014）指出，在 SEIRS 模型中，舆情网络系统中的网民处于四种状态：易感态（S）、潜伏态（E）、感染态（I）、免疫态（R）。④

成俊会、赵金楼（2015）在分析社交网络舆情传播模式的基础上，构建了社交网络舆情传播模型 UKSI（U 表示 Unknown，未知节点；K 表示 Known，已知节点，S 表示 Spread，传播节点；I 表示 Immune，免疫节点），分析了影响社交网络舆情传播概率的主要因素，建立了以信息风险感知为主的传播概率的数学模

① SUDBURY A J.The proportion of the population never hearing a rumour [J].Journal of applied probability，1985（22）：443-446.

② HILL A L，RAND D G，Nowak M A，et al. Infectious Disease Modeling of Social Contagion in Networks[J].PLoS computational biology，2010，6（11）：e1000968.

③ 陈波，于泠，刘君亭，等. 泛在媒体环境下的网络舆情传播控制模型[J]. 系统工程理论与实践，2011（11）：2140-2150.

④ 陈福集，陈婷，郑小雪. 一类新 SEIRS 模型上的网络舆情传播行为研究[J]. 情报资料工作，2014（4）：62-67.

型。①

林芹、郭东强(2017)探讨社交网络舆情传播中用户的SIS转换，建立了以用户心理特征为主的社交网络舆情传播的数学模型。②

徐剑、钱烨夫(2020)根据流行病SEIR模型，结合“信息疫情(信息流行病)”在现实社会传播和“感染”的情况，将信息流行病模型分为易感(S)、暴露(E)、感染(I)、免疫(R)四个节点。③

Linden S(2022)，指出，“回到与病毒的类比，研究人员采用了流行病学的模型。例如易感—感染—康复(SIR)模型，来衡量和量化在线社交网络中虚假信息的传播。在这种情况下，R_0经常代表那些在与已经被感染的人接触后开始发布假新闻的人。当R_0大于1时，虚假信息将会呈指数增长，传播开来形成信息流行病，当R_0小于1时，信息流行病最终将会消亡”。④

参考上述成果，本书重点研究基于UKSI和SEIR的信息流行病模型，以探求在网络信息环境下突发公共事件中信息流行病的传播概率及基础感染率。

一、基于UKSI的信息流行病模型

信息流行病的实质是过载信息(特别是不实、虚假、恶意信息)的网络扩散，社交网络舆情传播UKSI模型以及其他相关成果，可供构建信息流行病模型借鉴。

参照社交网络舆情传播模型UKSI，本书提出在网络信息环境下，针对特定突发公共事件的信息流行病的UKSI模型(简称信息流行病UKSI模型)，如图2-6所示。

① 成俊会，赵金楼. 基于信息风险感知的社交网络舆情传播模型研究[J]. 情报杂志，2015(1):135-138.

② 林芹，郭东强. 优化SIS模型的社交网络舆情传播 研究：基于用户心理特征[J]. 情报科学，2017，35(3):53-56，75.

③ 徐剑，钱烨夫. “信息疫情”的定义、传播及治理[J]. 上海交通大学学报(哲学社会科学版)，2020，28(5): 121-134.

④ LINDEN S. Misinformation: susceptibility, spread, and interventions to immunize the public[J/OL]. Nature Medicine.202 2,28(3):460-467.[2022-12-12] https://doi.org/10.1038/s41591-022-01713-6.

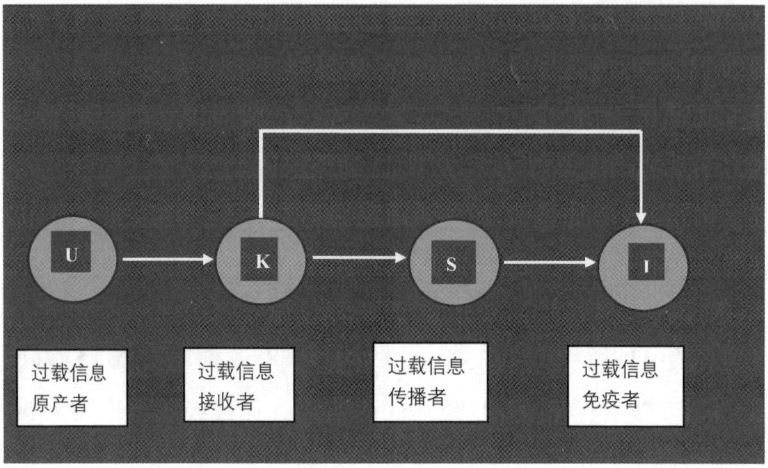

图 2-6　特定突发公共事件的信息流行病 UKSI 模型

在信息流行病 UKSI 模型中：U 表示 Unknown，是过载信息原产者，可视为未知节点；K 表示 Known，是过载信息接收者，可视为已知节点，S 表示 Spread，是过载信息传播者，可视为传播节点；I 表示 Immune，是过载信息免疫者，可视为免疫节点。

过载信息接收者，从过载信息原产者获知过载信息的概率为 P_1，过载信息接收者传播（扩散）过载信息的概率为 P_2，过载信息接收者不传播（扩散）过载信息的概率为 P_3，$P_2+P_3=1$，过载信息传播者传播（扩散）一定过载信息后对过载信息产生免疫力的概率为 P_4。

由信息流行病 UKSI 模型可知，特定信息流行病的扩散程度与 P_1、P_2、P_3、P_4 相关，因为 $P_2+P_3=1$，所以，可归纳为与 P_1、P_2、P_4 相关。

1. 接收者从原产者获知过载信息的概率 P_1 的确定

过载信息接收者能否从过载信息原产者获知过载信息，主要受原产者原产过载信息量（Q）、原产过载信息话题热度（h）、接收者对原产过载信息风险的感知度（r）、接收者接收原产过载信息的数量（k）影响，如图 2-7 所示。

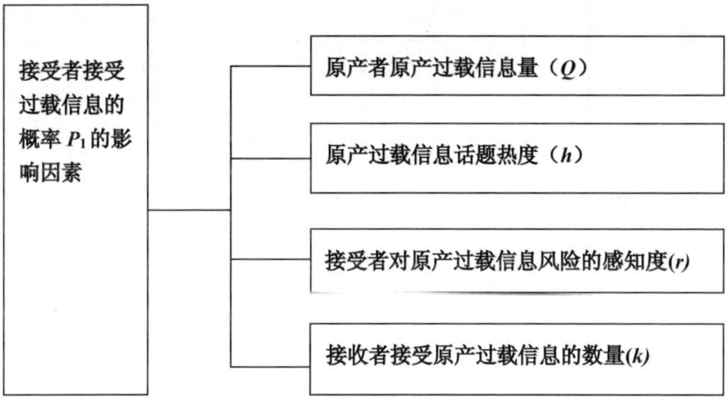

图 2-7 接受者接受原产过载信息概率 P_z 的影响因素

下面，用 $Q(t)$表示原产者原产过载信息总量，用 k 表示接收者接收到的原产过载信息量，$k/Q(t)$最大值为 1。$k/Q(t)$越接近于 1，则接收者接受原产过载信息的概率越大。

用 h 表示原产过载信息话题的热度，取值范围为[0，1]，h 取值越大，则接收者接受过载信息的概率越大。

用 r 表示接收者对原产过载信息风险的感知度，其取值范围为[0，1]，当 $r=0$ 时，接收者认为原产过载信息不存在风险，此时接收者接受该信息；当 $r=1$ 时，接收者认为原产过载信息风险太高，此时接收者不会接收该信息，即 $P_1=0$。

综上，可以用下式求解过载信息接收者传播（扩散）过载信息概率。

$$P_1 = h(1-r)e^{(k/Q(t)-1)}$$

上式表明：接收者接收原创过载信息概率 P_2，随原产过载信息话题的热度 h 增大而增大；原产者原产过载信息总量越大，或接收者接收到的原产者原产过载信息量越大，则接收者接收原产过载信息概率 P_2 越大。

2. 过载信息接收者传播（扩散）过载信息的概率为 P_2 的确定

过载信息接收者接收到过载信息（特别是不实、虚假、恶意信息）后，影响其传播行为的因素主要包括四个方面；过载信息接收者对过载信息风险的感知、过载信息接收者对传播的涉入程度、过载信息话题的热度和过载信息原产者传播过载信息的数量，见图 2-8。

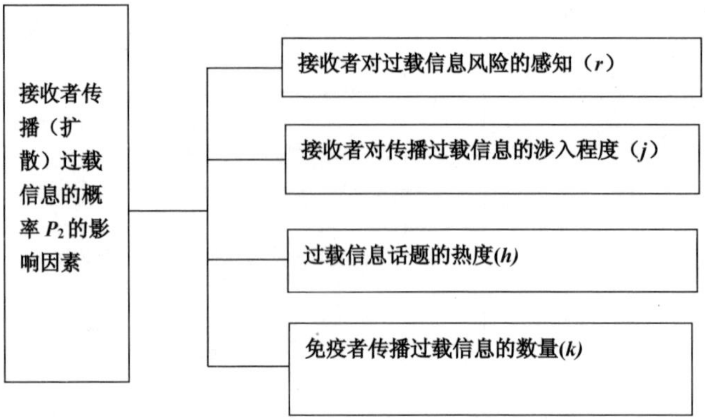

图 2-8　接收者传播(扩散)过载信息概率 P_2 的影响因素

下面,用 r 表示接收者对过载信息风险的感知度,其取值范围为[0, 1]。当 r=0 时,接收者认为过载信息不存在风险;当 r=1 时,接收者认为,过载信息风险太高,此时接收者不会传播该信息,即 P_2=0。

用 j 表示接收者对传播的涉入程度用户的传播涉入程度,其值范围为[0, 1]。若其取值为 0,则说明接收者传播过载信息的概率为 0。

用 h 表示过载信息话题的热度,取值范围为[0, 1],值也大,h 取值越大,则接收者传播(扩散)过载信息的概率越大。

用 $Q(t)$表示原产者原产过载信息总量,用 k 表示接收者接收到的原产者原产过载信息量, $k/Q(t)$最大值为 1。$k/Q(t)$越接近于 1,则接收者传播过载信息的概率越大。

综上,可以用下式求解过载信息接收者传播(扩散)过载信息概率。

$$P_2=jh(1-r)e^{(k/Q(t)-1)}$$

上式表明:

接收者传播(扩散)过载信息概率 P_2,随接收者对传播的涉入程度 j、过载信息话题的热度 h 增大而增大。

原产者原产过载信息总量越小,或接收者接收到的原产者原产过载信息量越小,则接收者传播(扩散)过载信息概率 P_2 越小。

3. 过载信息传播者产生免疫力概率 P_4 的确定

过载信息接收者能否产生持续免疫力,主要受传播者对过载信息风险的辨识能力（n）、传播者科学、媒介与信息素养（s）、免疫者对传播者的影响程度（k）影响，如图 2-9 所示。

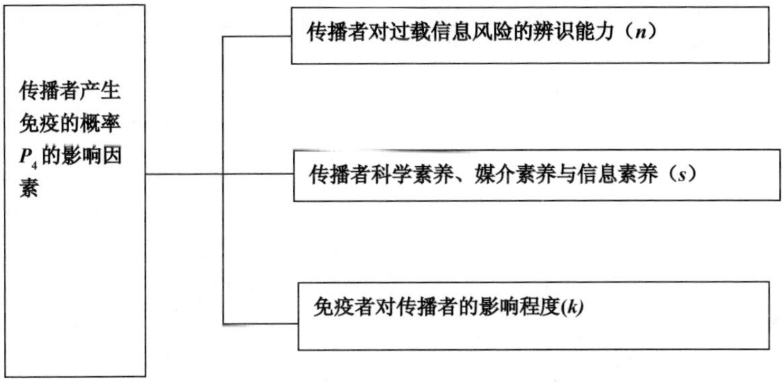

图 2-9　传播者产生免疫的概率 P_4 的影响因素

$$P_4=nsk$$

上式表明：传播者产生免疫的概率 P_4，随传播者对过载信息风险的辨识能力（n）、传播者科学、媒介与信息素养（s）、免疫者对传播者的影响程度（k）的增大而增大，减小而减小。

二、基于 SEIR 的信息流行病模型

参照网络舆情传播控制模型 SEIR，本书提出网络信息环境下针对特定突发公共事件的信息流行病的 SEIR 模型（简称信息流行病 SEIR 模型），如图 2-10 所示。

在信息流行病 SEIR 模型中：S（Susceptible）易感者，甲 $S(t)$表示 t 时的易感者数量；E（exposed populations）潜伏者，用 $E(t)$表示 t 时的潜伏者数量；I（infected individual）感染者，用 $I(t)$表示 t 时感染者的数量；R（Recure 后的 Immune person）（免疫者），用 $R(t)$表示 t 时免疫者的数量。

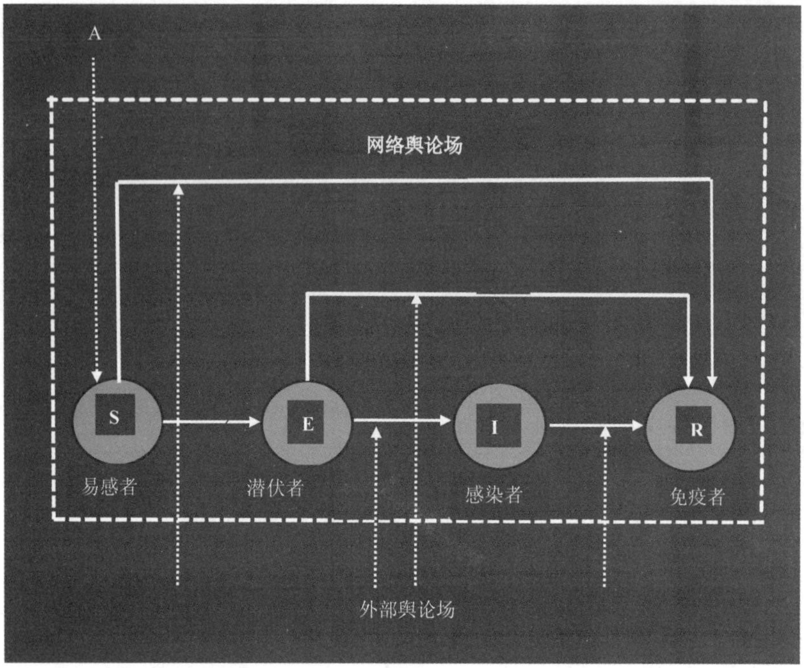

图 2-10 特定突发公共事件的信息流行病 SEIR 模型

信息流行病 SEIR 模型中的各参数及定义、取值范围,见表 2-1。

表 2-1 信息流行病 SEIR 模型中的参数定义

参数符号	参数名称	参数说明
ε	易感者直接转为免疫者的概率	易感者由于受到隔离而直接转为免疫者的可能性,取值范围[0,1]
μ	传染率	易感者向潜伏者的转化系数,取值范围[0,1]
α	潜伏者向免疫者的转化系数	取值范围[0,1]
β	潜伏者向感染者的转化系数	取值范围[0,1]
γ	感染者向免疫者的转化系数	取值范围[0,1]
δ	外部舆论场推进率	当外部舆论场分别作用于易感者、潜伏者、感染者向免疫者转化时,被称为外部舆论场推进率。取值范围[0,1]
τ	外部舆论场阻止率	当外部舆论场作用于潜伏者向感染者转化时,被称为外部舆论场阻止率。取值范围[0,1]
A	新增人口数	t 时新增人口数

下面，特在图 2-8 及表 2-1 基础上，根据系统动力学的建模思想，构建特定突发公共事件的信息流行病 SEIR 数学模型如下。

$$\begin{cases}\dfrac{dS}{dt}=A-\mu SI-(\varepsilon+\delta)S\\ \dfrac{dE}{dt}=\mu SI-(\beta+\tau)E-(\alpha+\delta)E\\ \dfrac{dI}{dt}=(\beta+\tau)E-(\gamma+\delta)I\\ \dfrac{dR}{dt}=(\varepsilon+\delta)S+(\alpha+\delta)E+(\delta+\gamma)I\end{cases}$$

因为上面方程组的前 3 个方程均不含变量 R，且 $N=S+R+I+E$，其中 N 为 t 时人口数，其值为新增人口数 A 与原人口数之和。

所以当令 $\varepsilon^*=\varepsilon+\delta$，$\beta^*=\beta+\tau$，$\alpha^*=\alpha+\delta$，$\gamma^*=\gamma+\delta$ 时，上面的数学模型就可简化成由如下 3 个方程组成。

$$\begin{cases}\dfrac{dS}{dt}=A-\mu SI-\varepsilon^* S\\ \dfrac{dE}{dt}=\mu SI-\beta^* E-\varepsilon^* E\\ \dfrac{dI}{dt}=\beta^* E-\gamma^* I\end{cases}$$

在研究信息流行病网络扩散的过程中，我们最为关注的是信息流行病是否会停止扩散。研究信息流行病 SEIR 数学模型的目的，旨在找到特定突发公共事件中信息流行病扩散平衡点及基础感染率 R_0，从而揭示其扩散态势。

根据廖晓昕（2000）出版的《传播动力学》及陈波（2011）发表的论文《泛在媒体环境下的网络舆情传播控制模型》，任何传播都存在一个关键点 R_0，当 $R_0\leqslant 1$ 时，扩散将逐步消失；当 $R_0>1$ 时，扩散将在一定区域蔓延，R_0 值越大，扩散传播越剧烈。因此，R_0 值时信息流行病是否扩散的阈值，计算其值的数学表达式如下。

$$R_0=\frac{\beta^*\mu A}{(\alpha^*+\beta^*)\gamma^*\varepsilon^*}$$

根据 R_0 的表达式：①易感者向潜伏者的转化系数越大，R_0 越大。

②因为：$\varepsilon^*=\varepsilon+\delta$，$\beta^*=\beta+\tau$，$\alpha^*=\alpha+\delta$，$\gamma^*=\gamma+\delta$

所以：要使 R_0 值变小，一方面可以在一定程度上增大易感者直接转为免疫

者的概率 ε,另一方面,可以增大外部舆论场推进率 δ。

第四节 信息流行病网络扩散特征

突发公共事件中的信息流行病,包含突发自然灾害中的信息流行病、突发事故灾难中的信息流行病、突发公共卫生事件中的信息流行病及突发社会安全事件中的信息流行病等四种。本书以 COVID-19 突发公共卫生事件为重点和考察对象,探讨信息流行病的病原及其传播特征,以及宿主及其环境影响特征。

一、在网络扩散过程中的病原及其传播特征

突发公共事件中信息流行病的网络扩散,其本质是过载信息的网络扩散。从流行病学角度分析,这些过载信息(尤其是其中的不实、虚假及恶意信息),就是信息流行病病原。在 COVID-19 突发公共卫生事件中,信息流行病的病原及其传播特征如下。

(一)病原存量大,涉及主题范围广

信息过载与突发公共事件伴随。在伴随突发公共事件的这些过载的信息中,有 WHO 的权威信息,也有国家与城市管理者以及医学专业机构和学者的透明信息,还有亿万民众出于各种维度和方式发表的所见、所闻、所记、所思、所感,以及出于各种原因加以隐瞒修改和虚构的信息,似是而非、不明真假和来源的非专业的猜测信息等,形成信息满天飞、真相难分辨的信息过载形态。

据泛美卫生组织(Pan American Health Organization,简称 PAHO)2020 年 5 月提供的一份报告,2020 年 4 月,YouTube 上以“covid19”和“covid-19”分类上传了大约 3.61 亿个视频。自疫情暴发以来,约有 19 200 篇文章在谷歌学者上发表。2020 年 3 月份,大约有 5.5 亿条推文中包括 coronavirus、corona virus、covid19、covid-19、covid_19、大流行等术语。

另外,Chowdhury N、Khalid A、Turin T C,在 2021 年 5 月搜索 MEDLINE 和 Google Scholar,提取自 2000 年以来突发大规模传染病暴发期间的错误信息文献,并进行综合分析,得出的研究结果是,①自 2000 年以来,在大规模传染病暴发的各个方面,包括预防、治疗、危险因素、传播方式、并发症和疫苗,均发现了

广泛的误报;②阴谋论盛行,特别是涉及疫苗的阴谋论。[①]

再次,我国学者 Zhang S、Pian W J、Liu Y M,对 2020 年 1 月 20 日至 5 月 28 日在中国主要社交媒体平台上发布的与 COVID-19 错误信息相关帖子的数据分析,发现与 COVID-19 信息相关的主题分为 8 类:“共谋理论”(648/2745, 23.61%)、政府应对(544/2745, 19.82%)、预防行动(411/2745, 14.97%)、新病例(365/2745%, 13.30%)、传播途径(244/2755, 8.89%)、起源和命名(228/2745、8.30%)、疫苗和药物(154/2755,5.61%)、症状和检测(151/2745,5.50%)。[②]

(二)病原毒性强,危害大

突发公共事件中的过载信息(特别是其中的不实、虚假及恶意信息),不仅危及公众身体、生活、工作,还危及社会安全及经济发展。根据 WHO 2021 年 11 月,在第五届信息流行病管理会议上提出的衡量信息流行病有害影响的概念框架,信息流行病的危害主要表现在:原危及信息生态系统,影响公众个体信息消费行为、认知过程、健康行为、健康幸福感,阻碍公共卫生干预措施落实及卫生系统有效运行,损害人民生命财产,干扰经济社会发展。

(三)病原传播渠道多样,社交平台及自媒体加剧病原传播

突发公共事件信息流行病病原传播渠道多样,但移动网络、社交平台及自媒体加剧病原传播的角色愈加明显。根据北京大学新媒体研究院 2020 年 2 月 22 日至 28 日对的社会调查[③],在 COVID-19 疫情间,民众获取疫情信息渠道多样化,包括 10 大渠道:即时通信/社交媒体、新闻 App、政府部门网站、广播/电视新闻、专家学者、所在社区/街道/村的宣传、搜索引擎网站、亲朋好友、短视频 App 及其他。该报告调查发现如下内容。

(1)以微信、微博为代表的即时通信工具和社交媒体,是疫情防控期间民众使用最多的信息渠道;广播电视等传统媒体并没有退出信息主导地位,仍然是重要的传播渠道;民众最信任的信源,不是社会媒体,仍然是官方渠道;社区街道的宣

① CHOWDHURY N, KHALID A , TURIN T C. Understanding misinformation infodemic during public health emergencies due to large-scale disease outbreaks: a rapid review[J]. Journal of public health-heidelberg, 2021(5).

② ZHANG S, PIAN W J, LIU Y M. Characterizing the COVID-19 Infodemic on Chinese social media: exploratory study [J]. JMIR public health and surveillance, 2021, 7(2).

③ 李玮,蒋科,熊悠竹. 调查报告:民众获取“疫情信息”的 10 大渠道[R/OL]. 中国网信杂志,(2020-06-16),https://m.thepaper.cn/baijiahao_7860935.

传,在重大疫情事件中的影响力也不容小觑,具体见表 2-2 及图 2-11。

表 2-2　在 COVID-19 疫情防控期间,民众对获取疫情信息渠道的整体满意度平均值

序号	信息传播渠道	信源整体满意度平均值
1	即时通信/社交媒体	3.79
2	新闻 App	3.77
3	政府部门网站	3.69
4	广播/电视新闻	3.67
5	专家学者	3.65
6	所在社区/街道/村的宣传	3.49
7	其他	3.4
8	搜索引擎网站	3.36
9	亲朋好友	3.29
10	短视频 App	3.26

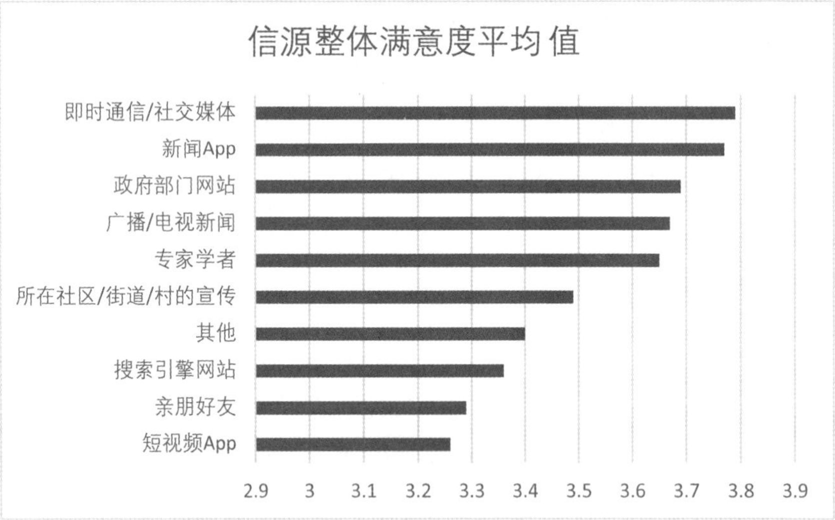

图 2-11　根据民众整体满意度平均值对获取疫情信息渠道进行排序

(2)在 COVID-19 疫情防控期间,民众信源可信度从低到高,依次为:亲朋好友、短视频 App、其他、搜索引擎网站、即时通信/社交媒体、新闻 App、所在社

区/街道/村的宣传、专家学者、政府部门网站、广播/电视新闻，具体见表 2-3 及图 2-12。

表 2-3　在 COVID-19 疫情防控期间，民众对获取疫情信息渠道的信源可信度平均值

序号	信息传播渠道	信源可信度平均值
1	亲朋好友	3.21
2	短视频 App	3.22
3	其他	3.53
4	搜索引擎网站	3.58
5	即时通信/社交媒体	3.59
6	新闻 App	4.08
7	所在社区/街道/村的宣传	4.09
8	专家学者	4.16
9	政府部门网站	4.36
10	广播/电视新闻	4.37

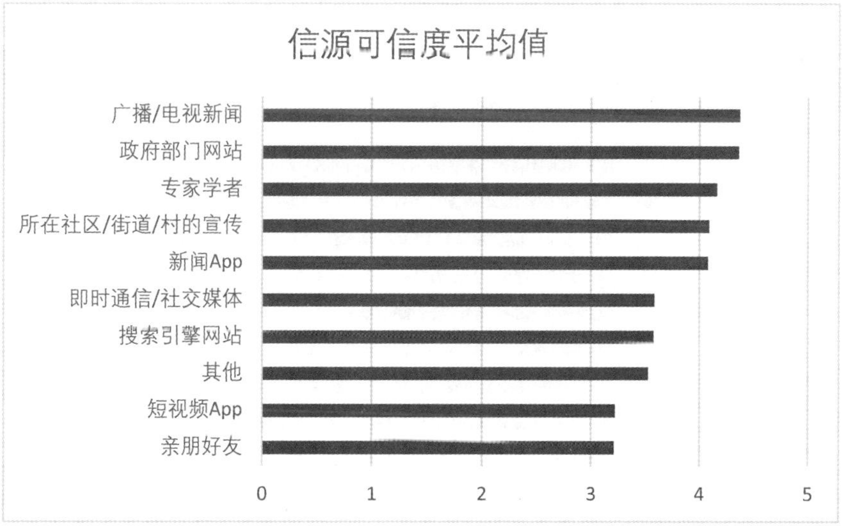

图 2-12　在 COVID-19 疫情防控期间，民众对获取疫情信息渠道的信源可信度平均值排序

（3）在 COVID-19 疫情防控期间，民众信源真实度从低到高，依次为：短视频

App、亲朋好友、即时通信/社交媒体、搜索引擎网站、其他、新闻 App、所在社区/街道/村的宣传、专家学者、政府部门网站、广播/电视新闻，具体见表 2-4 及图 2-13。

表 2-4　在 COVID-19 疫情防控期间，民众对获取疫情信息渠道的信源真实度平均值

序号	信息传播渠道	信源真实度平均值
1	短视频 App	3.17
2	亲朋好友	3.18
3	即时通信/社交媒体	3.5
4	搜索引擎网站	3.54
5	其他	3.56
6	新闻 App	4
7	所在社区/街道/村的宣传	4.08
8	专家学者	4.15
9	政府部门网站	4.31
10	广播/电视新闻	4.31

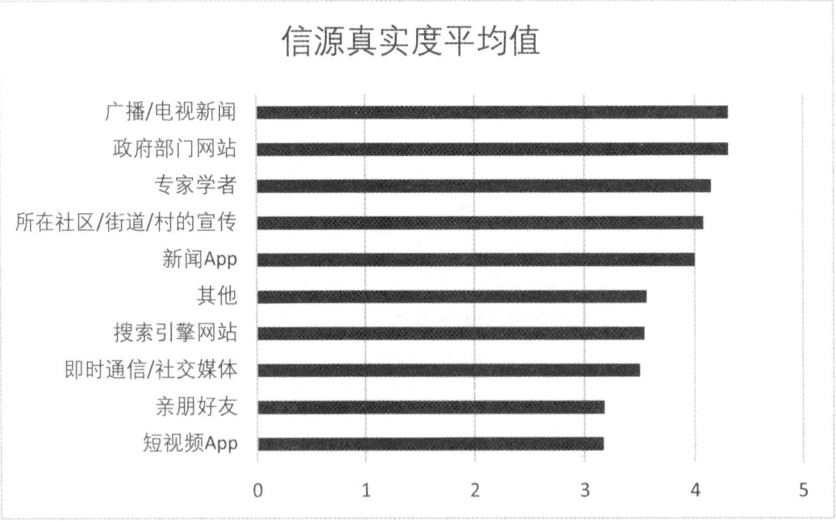

图 2-13　在 COVID-19 疫情防控期间，民众对获取疫情信息渠道的信源真实度平均值排序

二、网络扩散过程中的宿主及其环境影响特征

在突发公共事件中，信息流行病的宿主是过载信息的受众，特别是不实、虚假及恶意信息的寄生/传播者或易感人群，环境是过载信息生成/寄生、传播所依托的信息环境以及社会、经济、科学、文化、卫生、政治及宗教等非信息环境。在COVID-19突发公共卫生事件中，信息流行病的宿主及环境特征如下。

（一）不同类型宿主，具有不同的信息获取偏好

根据北京大学新媒体研究院2020年2月22日至28日对的社会调查[①]，受访者的年龄不同，其偏好的信息获取渠道不同。20岁以下及20~30岁人群，在使用新闻App和政府部门网站的频率上，低于整体平均值；20岁以下的受访者使用广播电视获取疫情信息的频率，仅次于60岁以上的老人；20岁以下及20~30岁人群使用短视频App的频率明显高于其他年龄层；30~40岁的受访者，对社区、亲朋好友、专家学者的依赖，低于其他年龄层；60岁以上的受访者使用广播电视新闻获取疫情信息的频率，远高于其他年龄层；60岁以上的老人，更多从亲朋好友、专家学者、社区宣传、政府网站这些渠道获取疫情信息；各年龄段的受访者，对即时通信/社交媒体的使用频率都高于其他信源。

受访者受教育程度不同，其偏好的信息获取渠道不同。受教育程度越高，越偏好以即时通信/社交媒体和亲朋好友作为疫情中的信息渠道；受教育程度越低，越偏好以短视频App和所在社区/街道/村的宣传作为疫情中的信息渠道。

受访者职业不同，其偏好的信息获取渠道不同。教师、律师等专业人士和公职人员，在各信源的使用频率与平均值无较大差距；服务业人员、小商贩/个体户和工人最常使用的信源是新闻App，而在短视频App使用频率上明显高于平均水平；在学生群体中，使用新闻App、政府部门网站作为获取疫情信息的渠道频率明显低于平均值；农牧渔行业从业人员，在疫情信息获取渠道上，与整体样本差异较大，他们倾向使用官方媒体和广播电视新闻作为获取疫情信息的渠道，而通过线上、线下社交朋友圈获取疫情信息的频率较低。

受访者是城镇人口还是农村人口，其偏好的信息获取渠道不同。农村人口

---

① 李玮，蒋科，熊悠竹. 调查报告：民众获取“疫情信息”的10大渠道[R/OL]. 中国网信杂志，（2020-06-16），https://m.thepaper.cn/baijiahao_7860935.

对于短视频 App 和所在社区/街道/村的宣传这两个渠道的使用频率，明显高于城镇用户；城镇用户在即时通信/社交媒体、专家学者、亲朋好友这三个渠道的使用频率，高于农村用户。

另外，印度学者 Thomas J J 的调研报告，也印证了不同类型宿主具有不同的信息获取偏好。以下是该报告的相关内容。

Thomas J J 在 2020 年 4 月 20 日至 30 日，对 174 名公众和卫生保健专业人员进行调查。在这 174 名受访者中：保健专业人员 99 名（占 56.89%），公众 75 名（占 43.10%）；平均年龄为 28.93 ± 9.99 岁；大多数受访者为毕业生（57.47%），一半受访者为专业人士（35.63%）；超过 67.24%属印度喀拉拉邦，17.81%属印度卡纳塔克邦，4.59%属印度泰米尔纳德邦，7.47%属于印度其他邦，五名受访者是非居民印度人或印度的海外公民。该调查发现：①关于 COVID-19 的主要信息来源是社交媒体（68%）、在线或印刷新闻来源（66.6%）和电视（65.3%）。在代表公众的受访者中，只有 29.3%使用政府或国际机构的官方资源。对于卫生保健专业人员和卫生科学专业学生而言，新闻机构和官方网站是主要的信息来源。在 104 名将社交媒体作为信息来源之一的受访者中，WhatsApp 是主要的信息来源，其次是 Facebook 和 Instagram。两名受访者评论说，随着视频展示和分享用户的观点，"TikTok"也是一个潜在的信息来源。近 68.9%（70.2%的公众和 68.6%的医疗专业人员）受访者称，在宣布封锁后，社交媒体的使用有所增加。在受访者中，2.8%总是在社交媒体上分享信息，33.9%有时在社交媒体里分享信息，43.1%很少在社交媒体分享信息。在社交媒体中，普通公众和医疗专业人员的信息共享模式存在显著差异。②在 174 名受访者中，14.8%的公众受访者和 14.1%的医疗专业人员，承认他们至少转发了一条信息，后来意识到这是虚假的。45.3%的公众和 42.4%的卫生保健专业人员认为，在大流行期间，至少有一次通过非真实来源传播信息。保健专业人员之间的事实核查模式与一般公众有很大不同。36%的公众受访者表示，他们习惯于总是进行事实核查，几乎 10.6%的公众类受访者从未进行过事实调查。超过 50%的卫生保健专业人员，通过非学术信息渠道，核实他们收到的所有信息。③医疗专业人员进行事实检查的常见网站，是政府或 WHO 网站和指南，而公众的网站是电视/报纸，其次是谷歌搜索和官方网站。其他来源，包括当局运营的社交媒体页面和卫生专业人员的直接澄清。④关于事实核查的常见阻碍因素的调查，大多数受访者认为，很难利用现有资源进行事实核查（57.1%），也有受访者认为这很耗时（31.4%），还有两名受访者认为这是不必要的，因为存在各种因素。如依赖社交媒体，以及对官方信息资源缺乏信任。

（二）宿主由于信息内容偏好截然不同而严重对立、极化

根据前述信息流行病生成机理，如“虚幻真相”效应、“处理流畅性”认知机制、疏忽解释或经典的推理理论、动机推理解释论、信息级联理论、错误信息的“逆火效应”、信息茧房或回音室效应等，不同的宿主在公共突发事件中，由于认知能力、自身/所属团队利益、接触信源、自身信息/科学/媒介/健康素养不同，所偏好的信息内容截然不同，并且都认为自己绝对正确，谁也说服不了谁。由此，导致信息流行病蔓延，人群对立乃至极化，影响社会甚至家庭和谐稳定。

（三）宿主的免疫力可以通过治疗及预防获得

在突发公共事件中，通过说明真相、诉诸科学共识和权威专家资源、确保更正易于获得且不比最初的虚假信息更复杂、清楚解释虚假信息为何是虚假的以及提供连贯的替代因果解释等治疗措施，可以帮助宿主拆穿虚假信息，提高虚假信息免疫力；也可以心理预防理论为指导，通过先发制人地发出警告，让人们事先接触到严重减弱的虚假信息（后面再加上有力的反驳），培养人们对未来虚假信息的免疫力。

（四）宿主受信息环境影响

在社交媒体时代的信息环境中，“人人手持麦克风”。每一位社交媒体用户既可能是各种虚假信息的接收者，也可能是传播者。信息碎片化消解了传统媒体对事件/历史的意义、经历和知识的完整叙述，部分自媒体、“营销号”甚至新闻机器人大量发布不实信息，刺激公众敏感的神经，引发不理性行为。在这样的信息环境影响下，宿主更容易受信息流行病感染。

（五）宿主受政治、经济、社会、文化等非信息环境影响

以政治、经济影响为例。根据龙小农（2022）的论文可知，政治疫情为新冠疫情和信息疫情带来放大效应，会扰乱新冠疫情防控节奏，污染信息空间，导致信息流行病蔓延。[①] 根据 Linden S(2022)的论文可知,那些政治倾向较为极端和右翼的人,一直表现出更容易受到虚假信息的影响,即使这些虚假信息是非政治性的。[②] 根据 Singh K 等(2022)的论文可知,贫困地区更容易遇到和相信新冠感染错误信息;人均国内生产总值(GDP)较低的国家,错误信息的发生率明显较高。

① 龙小农,靳旭鹏.新冠疫情、信息疫情与政治疫情的互动关系及作用机制[J].现代传播,2022(2):66-76.

② LINDEN S. Misinformation: susceptibility, spread, and interventions to immunize the public[J/OL]. Nature medicine,2022,28(3):460-467.[2022-12-12] https://doi.org/10.1038/s41591-022-01713-6.

第三章　对信息流行病的防治研究(一)

从信息资源管理学的角度分析,信息流行病防治管理,也可称为信息流行病预防及控制、信息流行病行防控、信息流行病行应对,WHO 称其为信息流行病管理。信息流行病防治/管理是系统地使用基于风险和证据的分析和方法,来防治/管理信息流行病并减少其在突发卫生事件期间对健康行为的影响。信息流行病防治/管理的目的是,通过多种类型的活动,实现良好的健康习惯。本书以 COVID-19 导致的突发公共卫生事件为例,根据现有国内外信息流行病防治/管理框架模型,研究信息流行病的预防及控制问题,旨在探索科学防控/管理信息流行病的具体方法、工具、政策措施等。

第一节　信息流行病的防治模型

在新冠疫情期间,WHO 特别强调要在应对防控新冠流行病的同时,加强对信息流行病的防治/管理。并通过在线众包技术咨询的方法,形成了 WHO 信息流行病防治/管理框架。在此框架指引下,一批研究信息流行病管理框架模型的国内外成果相继形成。

一、WHO 信息流行病防治/管理框架

WHO 流行病信息网络(WHO Information Network for Epidemics,简称 EPI-WIN),于 2020 年 4 月 7 日和 8 日,组织了一次为期两天的关于 COVID-19 信息流行病管理的全球在线咨询。共有来自 111 个国家和地区的 1483 人,登记参加了磋商。其中,1375 人和 1169 人,分别在第一天和第二天参加了磋商。注册个人自我报告代表这些部门:学术界或研究界(32%)、非政府组织(21%)、私营部门(17%)、联合国或政府间组织(12%)、公共卫生当局或政府(9%)、卫生保健专业人员(5%)、民间社会(4%)和学生(2%)。

会议共收集到信息流行病管理建议 594 条,会议将这些建议归纳为五个新

冠疫情信息流行病管理领域：①扫描和验证证据（18%）；②解释科学（20%）；③扩大信息传播范围（44%）；④测量信息流行病和评估趋势和影响（12%）；⑤协调和治理（6%），具体见图 3-1。

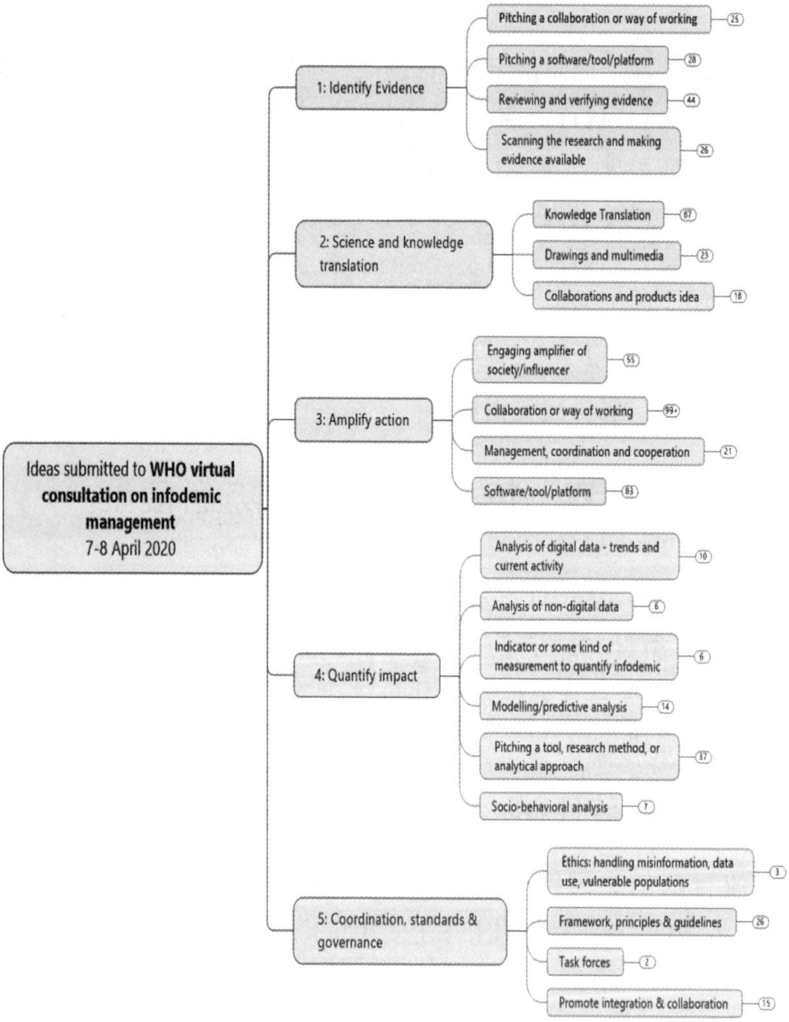

图 3-1　WHO EPI-WIN 在线众包咨询信息流行病管理建议及其领域分布

会议分析小组在图 3-1 的基础上，进一步将咨询结果提炼成如下五个领域的 50 项拟议行动。这五个领域的 50 项拟议行动，实际上构成了突发公共卫生事件信息流行病管理框架。

(一)行动领域一:加强证据和信息的扫描、审查和验证

1. 证据生成和综合

(1)发展和支持国际努力,协调证据综合的制作和传播,减少工作重复。

(2)开发快速评估证据和综合知识的工具,并传播它们产生的信息。

(3)开发关键评估工具和标准,用于报告和评估“灰色”/非学术证据以及社区基层对克服COVID-19的反应。

2. 证据综合与知识翻译

(4)建立由知识翻译专家组成的国家快速证据综合小组,负责将知识翻译纳入应急卫生响应。

(5)考虑在WHO内部建立机制,通过诸如WHO EPI-WIN网络等机制和诸如WHO学院和WHO开放组织等平台,建立快速证据合成和知识翻译的可持续能力。

(6)促进和支持对有关突发卫生事件中公共卫生和信息管理干预措施的证据进行系统审查,以确定研究中的差距和机会。通过一套建议的信息管理干预手段,进一步发展这一框架草案。

(7)加强和支持提供快速知识综合和证据地图的社区平台,指导方针在会员国本地化的参考,分析世界卫生组织指南的采纳情况,以及交流和传播来自系统审查。

3. 出版和传播科学证据

(8)与科学期刊合作,制定一套管理、报告和批判性评估新证据的原则,以提高公众对科学发现的清晰度(如用简明语言作的期刊文章摘要和/或虚拟期刊俱乐部摘要)。

(9)支持和加强开放数据、开放同行评审、开源和开放获取的开放科学价值观和实践,以及在系统综述中,能确保证据快速综合和评估的证据报告标准。

(10)在科学同行评审过程的各个阶段,以及对为快速分享而优先(预先)出版文章的优势和局限性,要清楚地沟通。

(11)开发工具,对科学原始资料的出处、时效性和可信度进行排名,以帮助公民、媒体、卫生当局和其他科学家。因此,这些科学原始资料提供了一种“证据晴雨表”。

（二）行动领域二：加强对已知情况的理解（翻译）和解释，事实核查声明，并处理错误信息

1. 风险沟通和信息流行病管理

（12）考虑在会员国建立或加强风险沟通的国家机制。其中，包括来自国家公共卫生研究所的多学科专家团队、记者、事实核查和打击虚假信息社区，监测和分析专家以及其他相关行为者，共同努力传播经核实的信息并对错误信息作出回应。

（13）根据现有证据为目标受众定制信息，并揭穿最有害的神话（例如，通过 WHO EPI-WIN 网络）；制订方法、标准和工具，以应对随着对病原体和疾病的了解增加而改变的信息和指导。

（14）协调努力，制作可靠的多语言内容，以回应有关预防措施和治疗的说法和问题，并将工作建立在对社区中流传的问题进行研究的基础上。

（15）促进公共卫生组织与当地记者之间的对话和沟通，以加强专业部门的知名度和信任，并提高当地媒体使用经核实信息的能力。

（16）考虑加强记者在健康和科学主题方面的培训；与受人尊敬的媒体培训师和卫生专家进行问答，对记者进行培训；将撤回未经证实或毫无根据的陈述纳入标准报告做法。

（17）定义并推动数字时代风险沟通研究议程，以制定可扩展的干预措施，解决个人的接受能力和网上错误信息的共享问题。

2. 开发可信来源、事实核查和对错误信息的回应

（18）制定工具和指南，以促进风险沟通，传播可信信息，应对 COVID-19 疫情和其他突发卫生事件期间的错误信息。这些可能包括（但不限于）以下内容。

• 使用数字工具和分析进行风险沟通和社区参与卫生紧急情况的指南和工具。

• 关于如何推广可信内容和应对错误信息的检查表和指南。

• 决定哪些故事需要揭穿的协议，因为它们正在获得吸引力并接近战略临界点。

• 为公民提供资源，以促进数字健康和媒体素养。

（19）支持发展可信信息来源网络和基于标准的多语言事实核查活动和错误

信息应对网络。

(20)制定工具和标准,以评估事实核查举措的完整性/问责制,包括描述信息技术及其要素的通用词汇表和术语,这将有助于促进信息技术的沟通、信息交流和管理社会各阶层。

(21)通过建立 WHO 合作中心专用网络和在开放式 WHO 等培训平台上提供课程,建设促进可信内容和事实核对、监测、核查、报告和应对错误信息的能力。

(22)支持在突发公共卫生事件中,合作开发关于沟通的综合资源,包括但不限于以下内容。

• 一个全球资源中心和用于事实核查和错误信息的仪表盘,提供信息和相关活动的综合概述。

• 用于紧急情况的信息仪表盘,也用于更为缓慢的系统性问题。如疫苗不信任和错误信息,包括对过去经验的行为和其他多学科分析。

(23)通过信息网络创新和促进协作分布式事实核查活动,支持传播最新信息。

3. 社交媒体、web 和其他沟通渠道

(24)让社交媒体公司和其他在当地占主导地位的信息传播渠道,参与促进获得可信的健康信息,并减少错误信息的影响。

(25)确保社交媒体平台采取行动,支持和创新传播可信的健康信息,并应对其平台上的错误信息传播。为此采取的行动,可能包括以下内容。

• 改善平台使用条款与当地信息法的一致性,以解决虚假信息/错误信息。

• 实施用户报告的错误信息警报机制,以促进更快的审查。

(26)与域名注册公司合作,审查与 COVID-19 相关的任何新域名注册。

(27)确保拥有已建立和运行的网站的组织,不会为新冠疫情注册新域名,因为这会使搜索算法难以获得吸引力。相反,组织应该在其现有网站上为新冠感染专门提供页面或部分。

(28)创新以提供对信息进行"伪造可能性"进行评估的 web 阅读器,基于机器学习以及错误信息和可信内容的集成存储库。

(三)行动领域三:从受信任的参与者到需要信息的个人和社区,加强扩大消

息和行动

1. 信息传播的协调

(29)协调信息传播,减少信息来源激增。

(30)建立交叉平台,按部门共享具体的沟通实践和资源(例如,为政府、记者、医疗保健专业人员、技术部门、社区领袖、执法部门、学生和其他人),促进自学和交流信息。

2. 信息本地化和社区参与

(31)为交流材料本地化、语境调整和翻译而培养网络和社区,并与内容制作和传播网络建立联系。

• 让知识生产者、记者、图书馆员、政策制定者、民间社会和地方领导人,参与并分享领导力。

• 在不存在这些网络的情况下,与当地卫生保健中心、社区卫生工作者和/或民间社会接触并分享领导权,目的是将信息传递到个人层面。

(32)设计并实施激励社会参与 WHO 推荐内容的方法。这样做的方法,可能包括模因、游戏、动画片、测验、调查、民意调查、比赛、参与播客、科学娱乐节目和其他活动。这些应通过社交媒体、移动、网络、电子邮件、广播、电视和其他渠道,直到口碑,使用协调的方法来执行,并且应包括使用有影响力的人或其他值得信赖的媒体。

3. 沟通渠道的使用

(33)确保战略性地利用所有相关沟通渠道传播信息,包括社交媒体、新闻、广播和/或社区和其他领导人。包括提供保健,心理支持,教育,提供水、卫生设备设施及卫生的社区机制,以及疫苗安全沟通/促进免疫需求。

(34)制作关于如何参与社交媒体平台的工具和指南,并使用标签和其他做法尽可能有效地传播健康信息。

(35)与私营部门通信平台(社交媒体、通信板/在线论坛、消息应用程序等)合作,传播健康信息,并通过问答、互动会议和使用机器人进行内容传播等方法吸引受众。

(36)确保(强制)社交媒体平台制定政策,将其对共享世界卫生组织、联合国机构、国家当局和其他可靠来源信息的支持制度化。

(37)在互联网普及率低的低资源配置环境中,考虑使用文本短信和交互式语音响应来传播信息并收集人群的反馈。

4. 健康、数字健康和媒体素养

(38)实施提高民众批判性思维能力和健康、媒体和数字健康素养方案,建设辨别哪些信息是可靠的能力。

(39)与教育部门、健康素养专家和其他人合作,制定课程、指南、工具和证据。在整个生命过程中,特别是在卫生保健工作者和弱势群体中,促进数字健康、健康和媒体素养提升。

(四)行动领域四:加强对信息流行病的分析,包括分析信息流,监测公共卫生干预措施的接受程度,以及分析信息流行病的影响因素与个人和人群的行为

1. 对信息流行病进行监控

(40)监测、分析和评估信息流行病管理干预措施的实施情况。

(41)促进和开发分析信息流行病管理干预措施的新数据来源、方法和途径。

(42)制定一个持续的研究议程,用于监测、分析和评估信息流行病的组成及交互,以及信息流行病的管理干预措施。

(43)制定并引入对问题、意见和态度的关键指标的监测,以便获得关于信息流行病干预措施的信息,包括来自弱势群体和风险群体的信息;并从政策制定者、公众、卫生保健工作者、个人和特定社区的角度制定新的信息流行病管理监测指标。

(44)制定多学科研究议程,制订方法、数据源和混合方法分析协议,以测量信息流行病的不同方面,包括以下领域。

• 数字和传统媒体中的信息流,包括对叙述、提问、情绪、网络搜索活动和信息传播网络的分析。

• 信息流分析,重点是信息的可靠性和错误信息的类型,以及可信信息和错误信息的转换。

• 信任和可信度测量,包括人们对信息、信息来源以及信息来自什么系统的态度;这些是如何导致信任或不信任的;以及行动可能性的预测。

• 受众与信息的互动,包括他们容易受到错误信息、错误信息暴露和自我效能感的影响(一个人相信有能力改变自己的行为、信念、动机、对抗错误信息,并接受导致健康行为的知识，并识别错误信息/低质量信息），这与他们的健康素养、信念、知识和行为有关。

• 为信息流行病管理干预措施的实施和修订提供信息分析。

• 分析社区层面的信息和信念传播以及信任动态。

• 为社会层面的信息流行病风险建模。

2. 开展健康信息传播和利用研究

（45）制定信息流行病研究优先事项，以确定利用可靠健康信息的推动者和障碍，包括如何改进为公众、患者和卫生专业人员提供和传播循证信息，以及健康素养和发现及解释这些信息的能力的提高的测量。

（五）行动领域五：加强突发卫生事件信息流行病管理系统

（46）考虑在会员国建立国家协调机制或工作队，协调信息流行病管理的各个方面，以支持风险沟通、应对错误信息、社区参与和衡量信息流行病干预的影响。

（47）根据应对新冠疫情信息流行病的经验和其他疾病暴发的教训，完善这一信息流行病管理框架草案，以支持未来的防备和应对，并为风险缓解提供信息；通过数据科学、社会行为和其他研究，加强这一框架。这可能包括但不限于以下内容。

• 在全球、国家和社区响应中，进行能力建设、共享开放工具以及跨部门合作。

• 产生价值声明，宣布获得正确的健康信息是一项基本人权，并促进传播准确的健康信息（包括针对特定社区本地化的最新信息），以及对错误信息进行事实核查和监测。

• 制定分析和设计信息流行病干预措施的伦理指南。

（48）建立一个世界卫生组织信息流行病管理各方面合作的中心网络，并与正在实地进行信息流行病监测和管理工作的其他联合国机构进行合作，以在网上和会员国中构思和实施能力建设方案。

（49）推广开源工具和标准，确保信息流行病数据、人工智能训练数据集和模型的可重用分析利用和互操作交换。

（50）使用创新方法，如黑客马拉松、创新挑战和在线头脑风暴，收集进一步的想法和创意,并以众包方式解决信息流行病管理问题。

二、信息流行病防治/管理"四大支柱"

WHO 提出 COVID 信息流行病管理/防治框架后,作为在 20 年前就提出信息流行病学的学者, Eysenbach G 提出了信息"蛋糕"模型(Information "Cake" Model),并在此基础上进一步提出信息流行病防治/管理的四大支柱:①信息监控;②建设电子健康素养和科学素养能力;③鼓励知识提炼和质量改进过程,如事实核查和同行评审;④准确及时的知识翻译或阐释,最大限度地减少政治或商业影响等扭曲因素,具体见图 3-2。

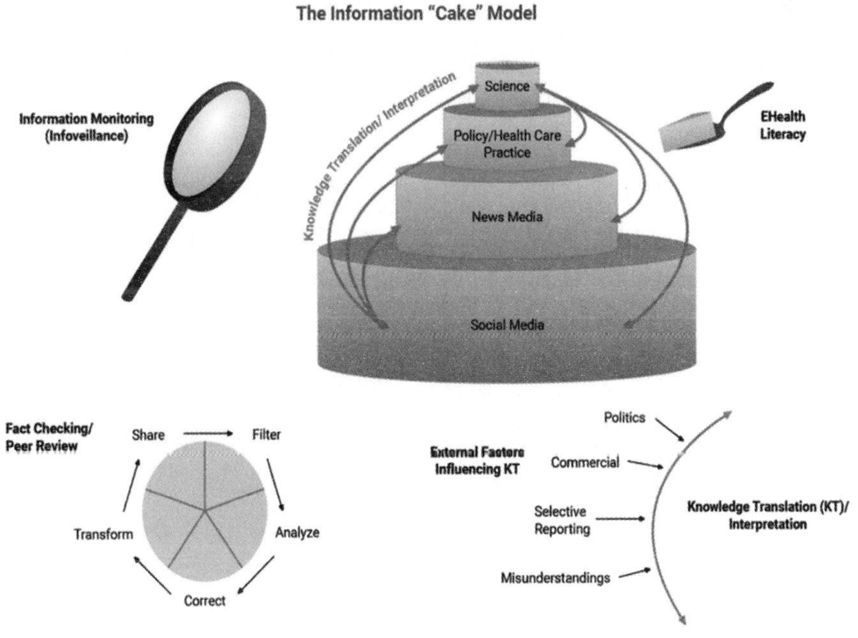

图 3-2　信息"蛋糕"模型及信息流行病管理"四大支柱"

图 3-2 表明:当前的信息流行病是一场提取过量信息的危机,它发生在四个层面:科学、政策和实践、新闻媒体、社交媒体。"蛋糕"各层的大小,与这四组参与者生成的信息量成正比。

图 3-2 显示:信息"蛋糕"四个层面之间,存在信息流和知识翻译或阐释活动。就信息量而言,科学是"蛋糕"上最小的一层,它被描绘在信息"蛋糕"的顶

部，代表着严格的和选择性的信息。

图 3-2 表明：信息流行病管理的“四大支柱”是信息监测（左上角）；建设电子健康素养和科学素养（右上角）；鼓励信息提供者进行知识提炼和质量改进，如事实核查和同行评审（左下）；以及知识翻译，将知识从一层翻译或阐释到另一层，同时最大限度地减少扭曲因素（右下角）。

下面对信息流行病管理的“四大支柱”作进一步说明。

第一支柱：促进准确的知识翻译或阐释。在信息“蛋糕”各个层面之间，需要进行知识翻译或阐释，将信息从一个受众传递到另一个受众，而这些知识翻译或阐释过程，可能是信息成为错误信息的主要机制，因为对“事实”的解释受到多种潜在影响因素的影响。如政治、商业利益、选择性报道以及误解。这些知识翻译或阐释过程，发生在“蛋糕”的所有四层之间。因此，信息流行病管理的第一个支柱是支持、促进和加强准确的知识翻译或阐释。

第二支柱：知识提炼、筛选和事实核查。FACTS 模型，如图 3-2 中的插入部分所示，是事实核查工作流程的一个例子。它提醒我们，在“蛋糕”每一层中，都有知识提炼过程，如事实核查和质量保证机制。这些过程对最终用户而言，有时可见，有时不可见。例如，在科学层面上，同行评审和出版学术著作的过程，是一种不断过滤、提炼和改进先前学者产生的信息的方法。这也意味着，在每一层中，都有一个连续体，从原始的、试探性的、可能有问题的信息到高度精练的、值得信赖的信息。因此，信息流行病管理的第二个支柱，是鼓励、促进和加强各个层面的知识提炼和过滤过程，以加快内部质量改进过程。

第三支柱：建设电子健康素养和科学素养。电子健康素养是从电子来源寻求、发现、理解和评估健康信息，并将所获得的知识应用于解决健康问题的能力。在信息时代，用户承担着选择和过滤值得信赖的健康信息的重要责任。因此，信息流行病管理的第三个支柱，是提高所有利益相关者的能力，以培养电子健康素养，选择和评估信息“蛋糕”不同层面上的健康和科学信息。

第四支柱：监控、信息流行病学、信息监测和社会倾听。信息流行病管理的第四个支柱是持续监测和分析互联网上的数据和信息交换模式，这被称为信息流行病学和信息监测。与流行病的监测类似，人们希望能发现错误信息、谣言和谎言的爆发，并用事实或其他干预措施来应对。信息监测（Infoveillance）需要生成互联网上信息供应的指标,包括其质量(例如,反疫苗接种推文的发生率),以及信息需求指标。如搜索查询或在社交媒体或其他 Web 2.0 平台上提出的问题。

三、基于工作流程的信息流行病防治/管理框架

WHO 在《世界卫生组织能力框架:建立应对工作队以管理信息流行病》中,提出了基于信息流行病 epi 曲线的五个工流程,并认为信息流行病管理工作,应沿信息流行病反应 epi 曲线,建立五方面的能力,具体见图 3-3。

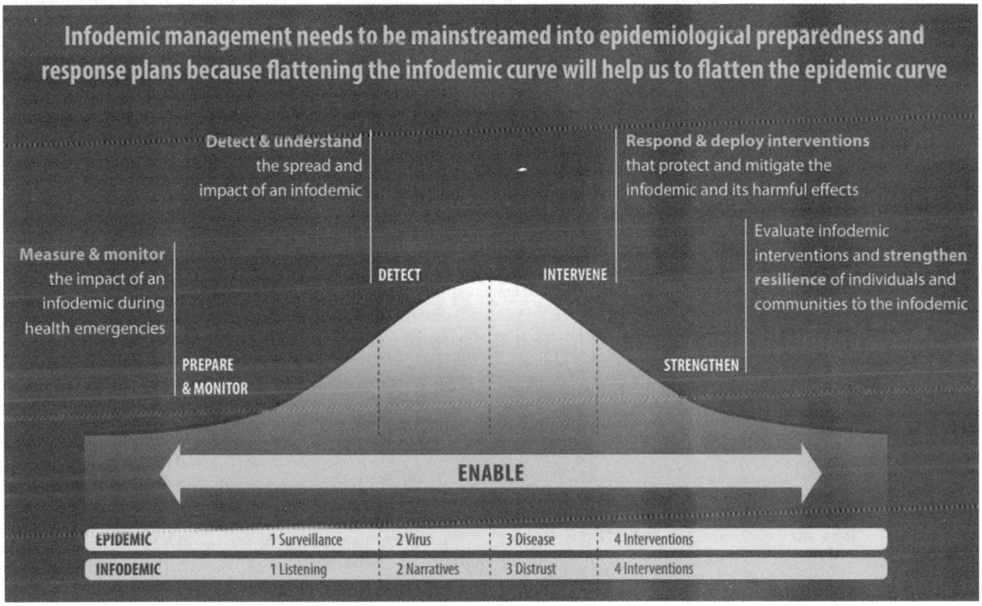

图 3-3　基于信息流行病 epi 曲线的五个工流程及信息流行病管理框架

图 3-3 显示:工作流程一,是测量和监测突发卫生事件期间信息流行病的影响;工作流程二,是检测并了解信息流行病的传播和影响;工作流程三,是应对和部署干预措施;工作流程四,是评估信息流行病干预措施,加强个人和社区对信息流行病的抵御能力;工作流程五,是促进信息流行病管理工具的开发、调整和应用。

据此可以推论:工作流程的管理信息流行病管理框架,由五部分组成。一是监测突发卫生事件期间所产生的信息流行病及其对个人、社区、社会和卫生系统

的影响。二是检测信息流行病的传播方式、途径及其对个人、社区、社会和政府与卫生系统决策的影响。三是应对和部署干预措施，有效管控危机。四是评估信息流行病干预措施防控成效，加强个人和社区对信息流行病的抵御能力。五是在应对信息流行病的整个期间，不断开发、调整、完善及应用相关流行病管理工具或系统。

四、基于与公众 COVID-19 对话内容的信息流行病防治/管理框架

2021 年 7 月，Purnat T D、Vacca P 等学者在开发识别 COVID-19 疫情在线对话中的潜在虚假信息的方法时，对公众 COVID-19 热点对话内容进行了分类[①]，具体见图 3-4。

在图 3-4 中，公众 COVID-19 热点对话内容，分为 5 个顶级各大类 35 个子类别。这种分类方法，是根据传染病暴发期间的既定流行病管理和公共卫生实践确定的。前 4 大类是 COVID-19 疫情管理活动的重点。①疾病的原因，我们对病毒了解多少，它是如何传播的？②疾病的症状，是什么？它是如何传染的？③治疗，如何才能治愈？④干预措施，当局和机构正在做什么？此外，还包括第 5 大类，调查公众对传播信息的看法（即关于证据和统计数据、错误和虚假信息、成功和有害内容的元对话，或积极扩大 COVID-19 信息的关键影响者）。

根据流行病学家对疫情的调查和管理的熟悉程度，上述 5 个大类中的每一个，都被划分为若干子类，总共 35 个。35 个子分类中的每一个子分类，都包含一个主题列表，这些主题涵盖了关于公众 COVID-19 热点对话内容的不同方面。35 个子类类名是根据 WHO EPI-WIN 团队的专家知识生成的。

① PURNAT T D，VACCA P，CZERNIAK C，ET AL.Infodemic signal detection during the COVID-19 pandemic：Development of a methodology for identifying potential information voids in online conversations[J/OL]JMIR infodemiology. 2021，1（1）：30971.（2021-7-28）.https：//preprints. jmir.org/preprint/30971.

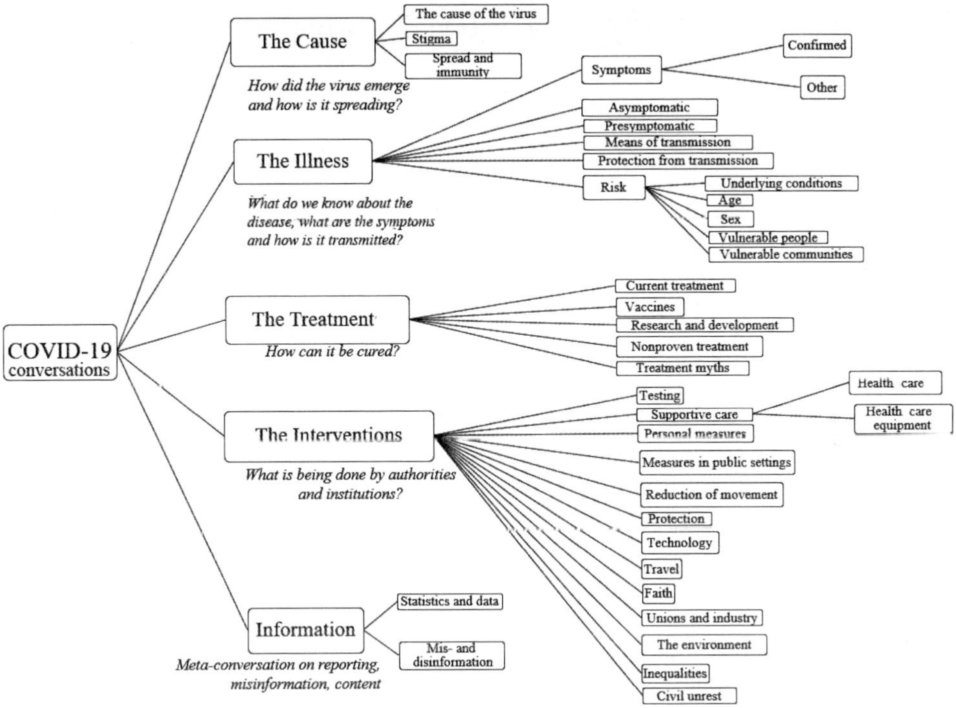

图 3-4　与公众进行 COVID-19 对话的内容分类及信息流行病管理框架

由图 3-4 可以推论:信息流行病管理由与病因相关的信息流行病管理、与病症相关的信息流行病管理、与治疗相关的信息流行病、与干预措施相关的信息流行病管理,以及与统计数字/数据及不实/虚假信息相关的信息流行病管理等内容构成。其中,与病因相关的信息流行病管理涉及病毒原因、污名化、传播及免疫等信息内容;与病症相关的信息流行病管理涉及病症、无症状、症状前、传染方式、防止传染、风险等信息内容;与治疗相关的信息流行病涉及当前治疗、疫苗、研发、未经批准的治疗、治疗神话等信息内容;与干预措施相关的信息流行病管理涉及测试、保健设施、测试公共设施、减少运动防止、技术、旅行、信任、工会产业、环境、不平等、国内骚乱等信息内容;与统计数字/数据及不实/虚假信息关的信息流行病管理涉及统计数字、数据、不实信息、虚假信息等信息内容。

信息流行病与病毒流行病相生相随。上述信息流行病管理构成,实际上构成了基于病毒流行病主要内容的信息流行病管理框架模型。

五、基于社交媒体信息过载前因后果模型的信息流行病防治/管理框架

2022年12月，程慧平等发表学术论文“重大突发公共卫生事件中社交媒体信息过载的前因后果模型研究”①，提出重大突发公共卫生事件中社交媒体信息过载前因后果理论模型（见图3-5）。该模型表明，用户因素、信息因素、技术因素和环境因素影响社交媒体用户疫情信息过载感知，进而影响社交媒体用户的认知反应和情绪反应，再进而影响社交媒体用户行为决策。

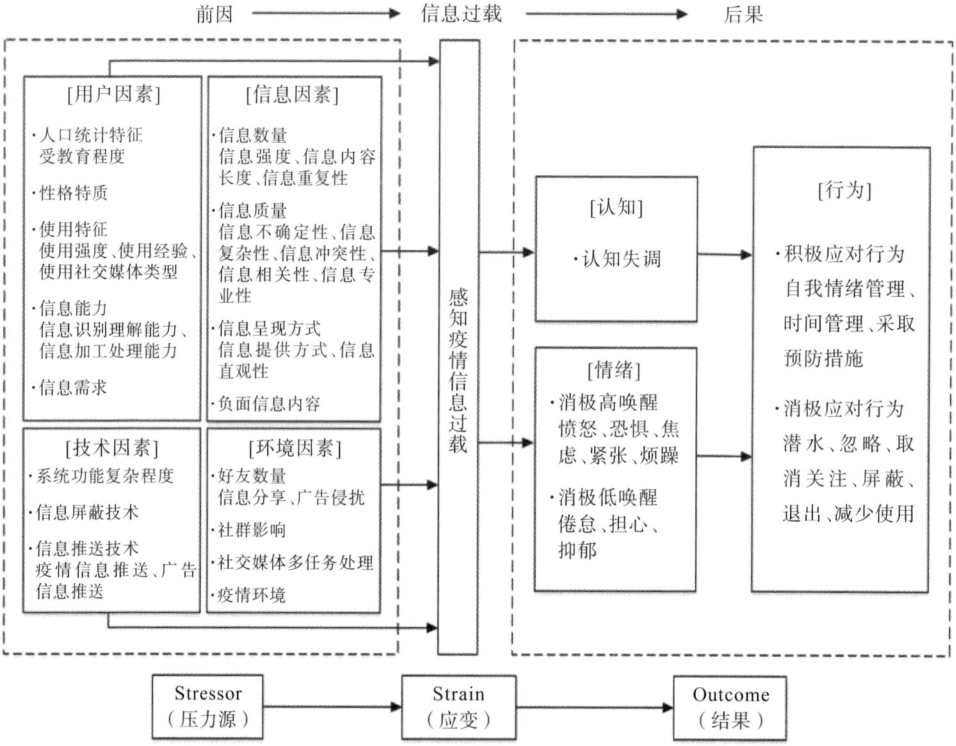

图3-5 社交媒体信息过载前因后果理论模型及信息流行病管理框架②

在图3-5中的用户因素、信息因素、技术因素和环境因素为压力源，被称为

①② 程慧平，于欢欢，蒋星．重大突发公共卫生事件中社交媒体信息过载的前因后果模型研究[J]．情报科学，2023，41(3)：45-56.

前因变量。用户认知、用户情绪、用户行为为结果,被称为后果变量。信息过载是应变,前因变量通过用户疫情信息过载感知,对后果变量产生影响。

前因变量中的用户因素含人口统计特征、性格特质、使用特征、信息能力和信息需求。信息因素包括信息数量、信息质量(不确定性、复杂性、冲突性、相关性、专业性)、信息呈现方式(提供方式、直观性)和负面信息内容。技术因素含系统功能复杂程度、信息屏蔽技术和信息推送技术;环境因素包括好友数量、社群影响、社交媒体多任务处理和疫情环境。

前因变量中的用户认知,主要表现为认知失调。用户情绪包括消极高唤醒情绪(愤怒、恐惧、焦虑、紧张和烦躁)和消极低唤醒情绪(倦怠、担心和抑郁);用户行为包括积极应对行为(自我情绪管理、时间管理、采取预防措施)和消极应对行为(潜水、忽略、取消关注、屏蔽、退出、减少使用)。

如果说管理的过程就是利用下面各式求各变量的最优解,那么,由图 3-5 可以推论:信息流行病管理框架也由信息流行病前因变量(用户因素,信息因素,技术因素,环境因素)中间变量(用户疫情信息过载感知)及后果变量(用户认知,用户情绪,用户行为)组成。

Y(用户行为)=*F*(用户因素,信息因素,技术因素,环境因素)

Y(用户行为)=*F*(用户认知,用户情绪)

Y(用户疫情信息过载感知)=*F*(用户因素,信息因素,技术因素,环境因素)

Y(用户行为)=*F*(用户疫情信息过载感知)

Y(用户认知,用户情绪)=*F*(用户疫情信息过载感知)

第二节　信息流行病防治能力框架

一、世界卫生组织信息流行病防治/管理能力框架

2020 年 4 月 7 日和 8 日, EPI-WIN 举行了一次关于管理新冠肺炎信息流行病的全球在线咨询,目的是从广泛的技术专家和其他利益相关者那里收集信息、证据、想法和评论。此次活动的目的是为信息流行病应对框架草案收集投入,次要目的是促进建立一个新的 IM 实践社区,并开始确定其工作。这次会议制定了

一个由50个行动点组成的世界卫生组织框架，以管理新冠感染信息流行病。该框架表明，卫生机构需要在信息流行病管理方面拥有专业知识，并积极参与信息流行病管理，以造福其社区；需要特定的知识和技能来应用信息流行病管理干预和实践，以提高个人和社区对信息流行病（包括错误/虚假信息）的抵御能力，并提高自我保护健康行为的自我效能。有鉴于此，WHO与美国疾病控制与预防中心（US CDC）合作，通过广泛的研究，为新的劳动力（信息流行病管理人员）制定了信息流行病管理能力框架。

该能力框架包括这四个领域：①信息流行病管理。提升信息流行病学素质能力；②预防和监测。使用有效工具倾听目标受众的能力，以及如何设计和分享适当的信息；③检测和干预。提升设计、实施和评估干预措施的能力，以提高对错误/虚假信息的抵御能力，并使个人和社区能够行使获得高质量健康信息的权利；④加强卫生系统的能力。各领域能力陈述、活动、目的、任务、知识 、技能见表3-1。

表3-1　世界卫生组织信息流行病管理能力框架

领域1	1信息流行病管理
能力陈述	信息流行病管理人员将信息流行病管理和信息流行病学学应用于公共卫生政策、计划和实践
活动	协调、促进和加强
目的	促进和便利机构内部IM的实施
任务	♦ 制订或采用错误信息/虚假信息分类法，作为IM的参考框架 ♦ 促进并确保IM的不同领域和任务之间的协调 ♦ 促进对IM的不同任务，采取多学科和跨学科的方法 ♦ 促进IM工具的开发、调整和应用 ♦ 在专业网络内以及与主要合作伙伴分享IM方面的知识和经验 ♦ 参与IM全球倡议 ♦ 与积极参与IM的组织建立伙伴关系 ♦ 促进IM中的道德行为，以避免有害健康信息的扩散和传播，以及所有行为造成的意外伤害

续表

知识	♦ 信息流行病学(理解和方法) ♦ IM(理论、方法、工具、策略和过程) ♦ 公共卫生(公共卫生史和最佳实践) ♦ 传播学(从人际传播到大众传播) ♦ 行为与认知科学 ♦ 实施科学 ♦ 知识翻译 ♦ 组织管理 ♦ 定量和定性研究方法 ♦ IM 的监管和道德原则 ♦ 项目管理
技能	♦ 加强和发展机构内的所有主要 IM 流程 ♦ 确定并应用 IM 中的道德行为标准 ♦ 建立协作 IM 的合作伙伴网络 ♦ 用最新的循证更新机构的工作 ♦ IM 建议
领域(2)	2 准备和监督
能力陈述	信息流行病管理人员证实,他们可以使用有效的工具倾听目标受众的意见,并具备设计和共享适当信息的技能
活动	2.1 倾听
目的	倾听、确定和了解人口差距、需求、行为及其决定因素,以制订更具响应性的卫生方案
任务	♦ 分析和评估个人行为,重点关注个人、社会和环境的决定因素 ♦ 确定人们感兴趣的话题 ♦ 识别情感语言 ♦ 检测线下和线上人群中的信息不足和悬而未决的问题 ♦ 识别、分析和评估关于人群中流传的健康问题的主要叙述和主张的证据基础 ♦ 分析和评估信息流行病监测活动的信号相关性,并评估行为风险 ♦ 为检测到的高风险信号的优先后续行动,提供循证建议

续表

知识	♦ 定量和定性研究方法 ♦ 从生态学角度分析行为和行为变化的理论和模型 ♦ 风险沟通 ♦ 国家卫生信息系统、国家统计和数据库、公共卫生数据和相关来源 ♦ 识别人们的需求、担忧、信念、知识和态度的研究方法和数据收集工具 ♦ 社交监听和社交媒体监控工具 ♦ 论证理论与说服研究 ♦ 叙事学与叙事修辞 ♦ 来自多个来源的数据三角验证 ♦ 测量和量化信息流行病的指标 ♦ 通过分类和分析方法，以评估信息流行病的风险水平并确定行动的优先事项
技能	♦ 识别错误信息/虚假信息 ♦ 利用研究方法、社交倾听和社交媒体监控工具和方法，收集信息流行病数据（在线和离线） ♦ 应用分析和评估框架，评估不当信息/虚假信息对行为的质量和风险 ♦ 从生态行为的角度，确定 IM 干预的目标
活动	2.2 通告
目的	积极与目标受众分享准确、可信和适当的信息，以提高认识，建立和加强健康知识，并促进在健康问题上的健康行为
任务	♦ 利用适当的沟通策略、沟通媒体和渠道，为不同人群开发和定制信息 ♦ 预先测试目标人群信息 ♦ 衡量信息的有效性 ♦ 与在线下有影响力的医学协会和非政府组织合作，针对卫生系统中的不同利益相关者 ♦ 与传统媒体、社交媒体和科技公司合作，向目标人群推送信息 ♦ 与发言人合作 ♦ 与媒体互动 ♦ 提高对卫生当局和服务的可信度和信任

续表

知识	♦ 公共卫生(公共卫生史和最佳实践) ♦ 科学素养 ♦ 个人、人际、群体和大众传播的理论、模型和策略 ♦ 行为改变的沟通理论与方法 ♦ 营销理论和方法(包括选择适当的沟通渠道以及使用特定的单一或组合沟通方法) ♦ 叙事学与构建叙事的技巧 ♦ 风险沟通、说服和广告的理论、模型和策略 ♦ 知识传播技术与科学新闻学 ♦ 理论、模型和策略 ♦ 提高健康素养 ♦ 建立和促进对机构及其服务的信任、合作和尊重 ♦ 通过不同级别的参与活动,建立社区参与 ♦ 内容开发平台 ♦ 内容分发平台 ♦ 发言人的角色、任务和沟通策略 ♦ 向媒体提供健康信息并与他们接触的沟通策略,以满足他们的需求,促进与他们的双向沟通,并就错误、神话和误解对媒体做出回应 ♦ 有或没有联合活动的响应组织之间的内容联合、同步和信息共享 ♦ 消息测试和影响评估的研究方法
技能	♦ 利用理论见解和研究成果,定制健康传播和健康信息传播 ♦ 利用理论见解和研究成果,促进沟通目标行为的改变 ♦ 使用研究方法对信息的相关性、可读性、理解力和潜在影响进行预测试 ♦ 使用沟通工具维护、促进和建立对卫生机构的信任 ♦ 与媒体沟通,让媒体呈现正确的信息 ♦ 授权发言人代表机构发言 ♦ 分享并受益于在公共卫生沟通和信息方面具有专业知识的合作伙伴或其他卫生机构的见解
领域(3)	3 检测和干预
能力陈述	信息流行病管理人员设计、实施和评估干预措施,以提高对错误信息的抵御能力,并赋予个人和社区行使获取高质量健康信息的权利
活动	3.1 干预
目的	赋予个人和社区权力,减轻错误信息/虚假信息的危害
任务	干预措施的效果 ♦ 定义干预措施涵盖的各个层面,包括政策和健康,系统到社区和个人层面 ♦ 确定并与利益相关者建立伙伴关系 ♦ 设计干预措施(信息传递之外) ♦ 制定干预措施并加以实施

续表

知识	♦ 公共卫生（公共卫生史和最佳实践） ♦ 定量和定性研究方法 ♦ 科学素养 ♦ 健康素养（不同水平的功能性素养、主要公共卫生领域的素养、批判性素养和健康素养的区别） ♦ 以下方面的理论、模型和最佳实践。 o 社会营销 o 健康运动 ♦ 确定认识和行为干预目标的框架 ♦ 确定和划分目标人群的策略 ♦ 分析目标人群的知识、信念、态度和其他行为决定因素的研究方法 ♦ 确定人群首选沟通渠道的策略 ♦ 参与式和以人为本的设计原则，目标受众的早期参与 ♦ 公共卫生多级干预措施的设计原则，特别是以下方面的理论和方法。 o 用户丰富的体验、可用性和界面设计 o 社会接种干预措施 o 健康/数字素养教育 o 众包事实核查和参与式错误信息映射 ♦ 对该领域类似或相关干预措施的系统文献检索 ♦ 媒体素养 ♦ 知识翻译（转化）技术
技能	制定和实施干预措施，解决影响信任和抵御错误信息的个人、社区、文化和社会层面的因素
活动	3.2　抗击
目的	及时提供与错误/虚假信息传播方式相匹配的更正
任务	♦ 跟踪错误/虚假信息，检查事实和趋势 ♦ 建立或加强报告工具和流程，以识别错误信息/虚假信息 ♦ 建立或加强快速分析错误信息/虚假信息的工具和流程 ♦ 与利益相关者合作，快速识别和分享错误信息/虚假信息 ♦ 对发现的错误/虚假信息及时做出积极主动的反应
知识	♦ 错误信息/虚假信息分类法 ♦ 事实核查的方法和方法，包括众包事实核查 ♦ 事实核查平台（存在哪些平台以及它们如何运作） ♦ 预束和揭穿的方法和途径 ♦ 分析和评估框架，以确定打击（抗击）错误信息的陷阱，特别是基于论证理论和说服研究 ♦ 产生有效响应的沟通理论、模型和策略（见活动 2.2 通知）

续表

技能	♦ 制定并利用标准操作程序收集、分析和纠正各级错误信息,包括明确的角色和责任 ♦ 建立并加强与伙伴组织和利益攸关方的协调工作,及时对错误信息/虚假信息采取行动
活动	3.3　监督
目的	测量干预措施和应对/纠正策略的影响
任务	♦ 收集和整理与干预措施和信息有关的数据 ♦ 估计干预措施的影响 ♦ 转化应用干预措施的结果,以改正错误/虚假信息的纠正和管理
知识	♦ 公共卫生(公共卫生史和最佳实践) ♦ 影响和结果评估方法和技术 ♦ 制定指标或指标以衡量干预措施的影响和结果的方法 ♦ 定量和定性数据收集的方法和技术 ♦ 社区报告和反馈的方法和工具 ♦ 相关影响和结果研究的研究结果 ♦ 协助构建建议(对策)的知识翻译(转移)技术 ♦ 循证决策工具包和工具
技能	♦ 设计和进行影响研究 ♦ 根据疗效和总体影响,实施和评估干预措施 ♦ 反思干预措施的结果,以完善总体机构战略 ♦ 反对信息流行病
活动	3.4　支持
目的	支持个人和社区抵御错误信息/虚假信息
任务	♦ 针对个别社区和弱势群体,设计、实施和评估干预措施,以建立和加强抵御错误/虚假信息的能力 ♦ 加强个人和社区对 IM 的参与和领导,包括参与寻找解决方案 ♦ 衡量社区参与和赋权 ♦ 将信息恢复能力措施,纳入卫生系统标准报告流程
知识	♦ 社区参与和参与式设计的理论、方法和工具 ♦ 健康行为的决定因素 ♦ 脆弱性风险的决定因素 ♦ 健康素养(不同水平的功能素养、主要公共卫生领域的素养、批判性素养和健康素养的区别) ♦ 社会营销 ♦ 制订和支持社区风险、暴露和恢复指数的方法 ♦ 以人为中心的方法设计信息技术干预措施 ♦ 加强、建立和衡量个人、社区和卫生机构之间信任的方法

续表

技能	♦ 确定干预目标，以建立和加强抵御错误/虚假信息的能力 ♦ 利用框架和研究方法建立和评估干预措施，以加强个人和社区对错误信息/虚假信息的抵御能力 ♦ 利用传播理论、框架和策略建立或加强对机构的信任
领域(4)	4 加强
能力陈述	信息流行病管理人员加强卫生系统，在突发卫生事件下和常规情况下，以 IM 来确保人群更健康。
活动	4.1 准备
目的	确保应用基于数据的见解和从干预中吸取的经验教训，为卫生系统制定 IM 规划、流程和政策
任务	♦ 促进 IM 政策的制定、修订和采用 ♦ 在公共卫生应对的所有相关方面，嵌入即时消息模块和指标 ♦ 支持和促进机构 IM 的跨学科性 ♦ 发展和加强与学术界、研究界和包括技术部门、医学协会和社区领袖在内的从业者的伙伴关系和联盟
知识	♦ 促进 IM 政策的制定、修订和采用 ♦ 在公共卫生应对的所有相关方面，嵌入即时消息模块和指标 ♦ 支持和促进机构 IM 的跨学科性 ♦ 发展和加强与学术界、研究界和包括技术部门、医学协会和社区领袖在内的从业者的伙伴关系和联盟 ♦ IM 宣传的理论、方法和工具 ♦ 用于综合证据的政策简报的模型和格式 ♦ 知识翻译 ♦ 多学科和跨学科协作与交流的模式和方法 ♦ 科学论文写作和向非专业受众传播研究 ♦ 政治学
技能	♦ 综合并呈现针对特定国家背景的 IM 调查结果的现有证据和指导 ♦ 应用 IM 研究结果中的知识翻译原则和工具，增强 IM 中的卫生系统能力 ♦ 促进组织间的工作和协作
活动	4.2 持续监测和战略完善
目的	实施定期、灵活的反馈和完善流程，以适应目标人群不断变化的需求
任务	♦ 建立或加强数据收集机制，纵向监测人口需求的变化 ♦ 识别并解决 IM 计划设计和服务提供方面的差距 ♦ 在方案改进和政策制定中，使用执行情况研究证据 ♦ 记录 IM 过程、分析和输出，以备将来使用 ♦ 促进各国之间共享干预措施和方法，包括评估影响干预措施可转让性的因素

续表

知识	♦ 定量和定性研究方法 ♦ 实施科学 ♦ 知识翻译 ♦ 纵向数据采集的研究设计与方法 ♦ 战略性制度发展 ♦ 组织管理 ♦ 项目管理 ♦ 文件和报告工具和方法
技能	♦ 设计和评估关于个人和社区需求及行为的纵向研究 ♦ 确定机构 IM 计划和程序的优势和局限性 ♦ 将 IM 干预措施和最佳实践的结果,转化为加强机构战略 ♦ 从合作伙伴或其他相关机构,收集、综合和转移调查结果
活动	4.3 能力建设
目的	建立机构内部的 IM 能力
任务	♦ 抓住教育者的角色,支持 IM 同事的能力发展 ♦ 评估机构内部 IM 培训需求 ♦ 制定组织培训目标并制订培训行动计划 ♦ 定义和计划内部提供或外包的培训 ♦ 实施培训计划 ♦ 评估和修订培训 ♦ 将信息技术培训整合到机构员工的主要流程和服务中 ♦ 与积极参与 IM 教育和培训计划的组织和机构合作 ♦ 通过培训管理不当信息/虚假信息和回答公众问题的技术和方法,赋予相关外部发言人或专业人员权力,包括卫生专业人员 ♦ 与媒体建立关系
知识	♦ 信息流行病学和 IM ♦ 机构能力评估的方法和工具 ♦ 确定 SMART 学习目标 ♦ 成人学习与专业培训的原则与技巧 ♦ 培训评估的方法和技巧 ♦ 与利益相关者互动和建立协作的模型和最佳实践 ♦ 能力建设 ♦ 人力资源管理
技能	♦ 确定机构内部 IM 培训的相关主题、需求和差距 ♦ 与相关利益相关者建立机构关系(从专业类别到大众媒体) ♦ 利用专业学习的理论、方法和原则,在机构内设计、实施和评估信息流行病学和 IM 培训

二、我国信息流行病防治/管理能力框架制定

WHO 制定的信息流行病防治/管理能力框架为我国信息流防治/管理能力建设提供了借鉴。

我国信息流行病防治/管理能力框架与 WHO 制定框架一样,也由四部分组成,如图 3-6 所示。

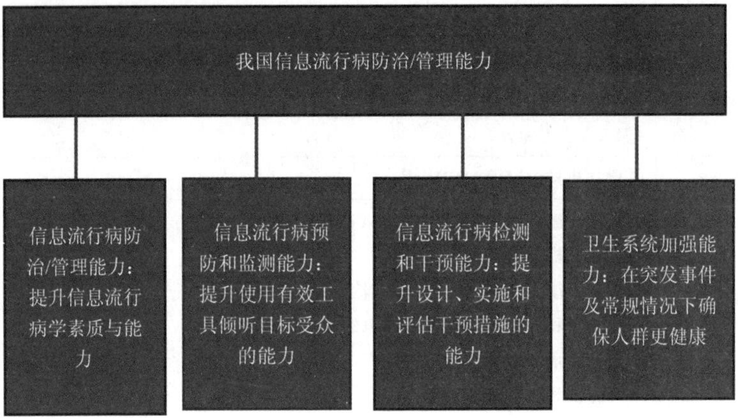

图 3-6　我国信息流行病防治/管理能力框架

(1)信息流行病防治/管理基本能力。提升信息流行病学素质能力。

(2)信息流行病预防和监测能力。含使用有效工具倾听目标受众的能力,以及如何设计和分享信息的能力。

(3)信息流行病检测和干预能力。含提升设计、实施和评估干预措施的能力,以提高对错误/虚假/恶意信息的抵御能力,并使个人和社区(村社)能获得高质量健康信息。

(4)加强卫生系统的能力。在突发事件及常规情况下,确保人群更健康。

该能力框架,可帮助各机构在招聘、员工发展和人力资源规划等方面,提高信息流行病管理能力,具体包括以下内容。

·制订/审查职权范围和工作说明。

·重新设计工作流程。

·重组职责。

·将工作职能与所需能力联系起来。

·进行培训需求评估并制定培训计划。

·将员工绩效与成果联系起来。

·制定指标来评估机构(和员工)在IM方面的表现。

·确定职业发展的标准。

该能力框架的总体概念和结构,遵从以下信息流行病防治/管理的主要指导原则,即信息流行病防治/管理中的行动,由以下方面推动。

·尊重道德行为。

·通过将获得可靠的健康信息作为一项权利来赋予社区权力的总体任务。

·以社区为中心、适合具体情况的方法。

·重点关注,可以快速实施的干预措施,以应对急性健康事件。

·加强卫生系统和建立信任的持续努力。

上述信息流行病防治/管理主要指导原则,还强调了作为信息流行病管理集群的一系列行动,具体如下。

(1)加强对证据和信息的扫描、审查和核查。这包括证据生成和合成、知识翻译、出版和传播科学证据等行动。

(2)加强对已知信息的解释,事实核查声明,并解决错误/虚假信息。这包括开发可信来源、事实核查和对错误/虚假信息的快速反应、有效利用社交媒体、网络和其他沟通渠道等行动。

(3)加强从值得信赖的行为者,向需要信息的个人和社区传播信息和采取行动。这包括采取行动,包括协调信息以减少来源的扩散、信息本地化和社区参与,实施提高批判性思维技能、健康和科学素养的方案。

(4)加强对信息学的分析,包括对信息流的分析,监测对公共卫生干预措施的接受程度,以及对影响个人和人口层面信息学和行为的因素的分析。这包括行动,包括IM干预措施的监测和评估以及信息技术研究优先事项的制定。

(5)加强突发卫生事件IM系统,这包括能力建设、与利益攸关方的合作和联网以及政策制定等活动。

第三节 信息流行病防治中的应急风险沟通

一、世界卫生组织突发事件风险沟通政策和实践指南

为强化突发公共事件中的风险沟通，2017 年，WHO 制定《突发公共卫生事件中的风险沟通——世界卫生组织突发事件风险沟通政策和实践指南》，提出在科学应对突发公共事件中加强风险沟通的建议[①]，具体如下。

（一）建立信任并与受影响人群接触

证据研究证实，建立信任与风险沟通密不可分。如果风险人群不信任信息来源，沟通干预将无法使他们做出明智的决定以采取行动保护自己的生命。

1. 信任

为了建立信任，风险沟通干预措施应与正常运作和可获得的服务相联系，透明、及时、易于理解，承认不确定性，应对和参与受影响的人群，与自我效能相联系，并使用多种平台、方法和渠道进行传播。

2. 沟通不确定性

当局与公众的沟通应包括与风险、事件和干预措施相关的不确定性的明确信息，并说明在特定时间已知和未知的信息。

3. 社区参与

确定社区信任的人，与他们建立关系，并让他们参与决策，以确保干预措施具有协作性和情境适应性，并确保社区拥有沟通过程。

（二）将应急风险沟通纳入健康和应急响应系统

1. 治理和领导力

应急风险沟通应在全球和国家应急准备和响应领导团队中发挥指定的战略作用，并为沟通人员提供明确的角色和责任。

2. 信息系统和协调

（1）发展和建立相关利益相关者和组织网络，该网络跨地域、学科，以及适当情况下越国界。

① 胡广宇，邱五七. 从指南到实践：推动新型冠状病毒肺炎（COVID-19）防控风险沟通和社区参与[J]. 中国循证医学杂志，2020，20（6）：719-722.

(2)根据用户需求定制信息和通信系统,并让当地利益相关者参与进来,以保证跨部门的信息流动

(3)应定期组织应急风险沟通人员的准备和培训,并将重点放在相关利益相关者之间的协调上。

(4)应急风险沟通需要一个明确和持续的预算,该预算应成为应急准备、响应和恢复等核心预算的组成部分。

(三)应急风险沟通实践

1. 战略沟通规划

战略规划主要涉及对干预活动的评估和评估,以提高公众意识,并在公共卫生紧急事件之前、期间和之后影响行为。证据审查表明,在这种情况下,没有确保成功沟通的单一策略。GDG 一致认为,规划是一种总体最佳实践,应在应急风险沟通实践的具体建议之前提出。

应急风险沟通规划必须提前进行,并且是一个持续的过程,重点是准备和响应。规划应对利益相关者的需求敏感、参与性强、对环境做出反应,并纳入受影响群体的反馈。

2. 监测和评估工具

研究监测和评估工具,以建立快速评估应急风险沟通(ERC)干预措施的最佳机制和方法,并结合利益相关者和社区的评估结果和反馈,为正在进行的和未来的应对措施提供信息和改进。

3. 社交媒体

(1)社交媒体可用于吸引公众,促进对等沟通,建立态势感知,在紧急情况下监测和应对谣言、公众反应和担忧,并促进地方层面的应对。

(2)社交媒体和传统媒体应成为与其他传播形式相结合的综合战略的一部分,以实现经验证的准确信息的融合。

(四)消息处理

(1)不应用技术术语解释风险,因为这无助于促进风险缓解行为。

(2)一致的信息应来自不同的信息来源,并在紧急情况下尽早出现。

(3)信息应促进人们可以实际采取的具体行动,以保护他们的健康。

二、我国突发公共卫生事件应急风险沟通手册

2011 年 5 月，我国卫生部卫生应急办公室、中国健康教育中心组织中美应急风险沟通专家，在《突发公共卫生事件应急风险沟通指南》（我国卫生部卫生应急办公室）基础上，参考美国疾病预防控制中心（USCDC）《危机和突发事件应急风险沟通》和 WHO《暴发疫情信息沟通计划指南》，编写形成适于我国的《突发公共卫生事件应急风险沟通手册》。

我国突发公共卫生事件应急风险沟通的目的是，争取支持和合作，减少和规避风险；控制和消除突发公共卫生事件的危害，平息事件可能造成的不良影响。营造必要的舆论环境，维护和塑造政府及有关部门的良好形象。

我国突发公共卫生事件应急风险沟通，需坚持的六个基本原则是，提前准备，及时主动，信息真实，口径一致，有利应对，维护信誉（在卫生应急风险沟通的全过程中，卫生应急机构要努力减少突发公共卫生事件对政府信誉带来的损失，争取公众的理解和信任）。

我国突发公共卫生事件应急风险沟通的基本程序为：第一步风险沟通准备，第二步风险识别与评估，第三步确定沟通对象、内容和方式，第四步制订风险沟通实施方案；第五步风险沟通实施，第六步风险沟通效果评估。

我国突发公共卫生事件应急风险沟通的操作工具如下。

工具 1：风险沟通领导工作小组的建立。

在常态情况下，各级卫生行政部门应成立风险沟通领导工作小组，根据突发公共卫生事件性质和涉及范围，确定应急风险沟通领导小组成员单位，以下是推荐名单。

组长：政府新闻办或地方党委宣传部分管领导。影响范围局限的事件，也可以由卫生部门负责人担任。

副组长：卫生部门、政府应急办分管负责人。影响范围局限的事件，也可以由卫生部门新闻宣传部门负责人担任。

成员：政府应急办、卫生、出入境检验检疫、食品药品监督管理、农业等突发公共卫生事件应急处置相关部门负责人。影响范围局限的事件，也可以由卫生部门内部相关职能部门负责人担任。如新闻办公室、应急办、疾控、医政、疾控机

构、监督机构等负责人担任。

建立所有成员的通讯录,通讯录要及时更新。

工具2:风险沟通咨询专家组的构成。

在建立风险沟通小组的基础上,应建立风险沟通咨询专家库,确保所有成员的通讯录准确无误,并及时更新。

组长:宣传部门或卫生部门负责人。

副组长:风险沟通权威专家。

成员:健康教育专家、传媒专家(包括电视、网络、报纸等)、心理专家、公共卫生专家、临床专家、法律专家等。

职责:负责对风险沟通的内容、方式、对象等提出建议,参与制订和修订风险沟通计划和方案,对风险沟通过程进行指导,并提出评估意见;负责组织编制风险沟通培训教材,参与风险沟通人员的技术培训和考核。

工具3:风险沟通预案要素。

在事件发生前,应根据各类突发公共卫生事件发生的可能性,制订风险沟通方案,并针对不同级别的事件和事件发生的不同阶段,制订突发公共卫生事件风险沟通基本方案,建立风险沟通组织体系,明确各自职责,确定不同的信息公开和传播的途径及方式,以便在突发公共卫生事件发生时,有条不紊地开展风险沟通工作。一个有效的风险沟通预案应包括部门职责、沟通机制、信息发布、资源保障等要素。

工具4:突发公共卫生事件性质快速评估提纲。

合适的公共卫生事件评估工具——利用这一工具,从现实出发,评估一下你所在区域可能出现的突发事件。把你所预料的可能出现的突发事件列个简短的清单,并以此清单为基础,为每个事件拟定出沟通计划和草稿信息。哪些事件可能会发生在你所在地区?如果这些事件发生,请准备好你的沟通策略,并做好去沟通的准备。

工具5:通讯录编制模板。

(1)需要准备的通讯录:媒体通讯录,相关部门通讯录,部门内部通讯录,相关单位通讯录。

(2)各类通讯录基本信息:媒体通讯录,部门通讯录,内部通讯录,相关部门通讯录。

工具6:信息准备清单。

在突发公共卫生事件发生前,应加强突发公共卫生事件的监测、预测、预警工作。在日常工作中,应对监测到的信息进行及时的整理、分析。一旦发生突发公共卫生事件,这些信息将是进行突发公共卫生事件预测的基本信息,也是风险沟通的基本信息。

工具7:物资准备清单。

卫生应急风险沟通的物资准备,主要包括两大类。一是办公场所、设备和耗材,二是对沟通资料和培训材料的准备。

工具8:风险判定与应急响应工具。

事件发生后,最初的风险评估至关重要,可以利用已有《危机事件评估一览表》,对事件的强度进行测评。根据测评结果,按照已有《推荐响应计划一览表》选择应急响应计划。随着事件的进展,依据最新获得的信息,开展第二次风险判定,判定工作需要不断地进行。

工具9:明确风险沟通目标人群。

主要包括:紧急事件区域内的公众;近邻事件区域的公众;事件波及人员和参与处理人员的家属;没有直接参与处理事件的医务人员;关心事件发生发展的一般公众;电视广播;官方网站;电子邮件;热线电话;海报/小册子/传单;社区板报;社会媒体,新闻稿。

工具10:新闻发布会工作程序。

确定时间和地点,确定发布人,确定发布主题,材料准备,记者通知,现场发布,网络直播,总结评估。

工具11:苗头事件信息模板。

(1)请密切关注。这是一条来自【你所在的公共卫生机构名称】的有关健康的紧急消息。

(2)【应急部门、公共卫生部门等】的【作出判断】,认为在地区发生了一起【事件类型】事件(描述该事件,包括时间和地点)。

(3)目前,我们还不知道该事件的原因或其他细节。

(4)当地政府和【相关】机构正在调查处理,【你所在的公共卫生机构名称】

已经派出调查组赶赴当地协助调查处理,并将及时公布最新的消息。

(5)请关注卫生部门的建议。

(6)告知获取信息的渠道。

工具12:事件初期阶段的风险沟通信息与渠道。

考虑受众、信息的目的、发布消息的方式等问题。

工具13:信息要点核对清单。

(1)表达同情和关注。

(2)阐明事实,陈述我们知道的事实。

(3)目前还不清楚的情况。

(4)为弄清楚情况正在进行的努力。

(5)介绍已经开展的工作、成效和下一步打算。

(6)选择性问题。

最后,从这几方面检查信息。正确的行动步骤,开诚布公的语气:应用风险沟通原则,是否经过审批;语句要简短,避免专业术语,避免过早下结论;不要妄加揣测,提醒情况可能会发生变化

工具14:媒体问题清单。

下列问题是在危机发生时,媒体、利益相关者、伙伴及公众经常会提出的问题,准备好这些问题,可以帮助你做好应对工作。

●发生了什么?

●为什么会发生?什么原因导致的?

●什么时间发生的?在什么地方?

●谁应该为此负责?你们承担责任吗?

●以前发生过吗?

●公众安全吗?

●为了保护民众,你们正在做什么?

●是否有人受伤?患病/发病人数?死亡人数?他们是谁(姓名)?

●你有什么要对受害者说?

●那里现在危险吗?

●是否会对公众带来不便?

●你们打算如何处理?

●谁负责处理?

●受害者得到救助了吗?

●你是否预见到了该事件的发生?

●目前及稍后,我们对局势应该如何预期?

●我们什么时候能得到更多的信息?

工具 15:特殊人群评估工具。

特殊人群评估工具是用来识别特殊人群与普通大众不同的信息需求,以及不同的信息获取渠道。在准备阶段和事件的早期,就需要了解这些特殊人群的信息需要。特殊人群主要指学生、少数民族、国际友人,以及残疾人等。

工具 16:评估总结模板。

包含目的与意义、内容与方法、结论与建议。

三、我国突发公共事件中的应急风险沟通

突发公共事件中的应急风险沟通,对有效防控各类突发公共事件中信息流行病具有重要作用。我国当前及今后的突发公共事件中的应急风险沟通,不仅应遵循我国的《突发公共卫生事件应急风险沟通手册》的规定,还应借鉴 WHO 制定《突发公共卫生事件中的风险沟通——世界卫生组织突发事件风险沟通政策和实践指南》的各种方法。

第四节　信息流行病防治中的政策

一、WHO 更新信息流行病防治/管理政策行动建议

为协助国家和全球努力在世界各地结束 COVID-19 疫情, WHO 于 2022 年更新了 COVID-19 全球防范、准备和应对计划,并概述了两项战略目标。第一,保护个体,特别是有重症风险或可能通过职业接触病毒的脆弱个体,从而减少 SARS-CoV-2 的传播。第二,预防、诊断和治疗 COVID-19,以降低死亡率、发病率和长期后遗症。WHO 认识到出于多种因素,包括人口免疫水平差异,公众信

任，COVID-19 诊断工具、治疗药物、疫苗和个人防护装备的获取和使用，以及来自其他卫生/非卫生紧急情况的挑战等，各国的 COVID-19 的情况不尽相同，因此编写了一套共六份简短的政策简报。这些简报旨在帮助各国更新政策，管理 COVID-19 紧急和长期威胁，同时巩固基础以加强公共卫生基础设施。

《世界卫生组织政策简报：COVID-19 信息流行病管理》(2022 年 9 月 14 日)是这套政策简报中的一份，侧重于 COVID-19 背景下的信息流行病管理问题。本简报概述了根据世界卫生组织 COVID-19 技术指导文件中公布的向会员国提议的主要行动建议。

(1)培训卫生工作者，以便能更好地识别和处理健康相关错误信息。

扩大职前、在职和持续教育培训，纳入倾听并解决患者忧虑方面的循证技术以及错误信息管理技术。提供最新的工作辅助工具和其他工具及资源以处理误导性陈述和常见问题将至关重要。工作人员，包括社区卫生工作者、健康促进工作者、社会工作者和其他相关人员，应接受培训，学习如何利用现有能力。通过现有卫生规划，在其与社区成员互动的地方，在线和离线处理困惑和健康相关错误信息。此外，应培训相关工作人员以掌握监测信息疫情相关指标的技术和方法。

(2)量身定制健康、信息和数字知识普及计划。

有许多不同类型的社区容易受到健康领域错误信息的影响。弱势群体(如移民、少数群体社区等)，在获得可信、准确的信息源方面，机会有限，所以严重面临风险。这可能减少对本已有限的卫生保健服务的获取和利用。确定特别容易受到健康相关错误信息影响的弱势群体，以及确定有助于加强抵御能力的适当策略至关重要。基于社区的主要信息疫情管理策略，包括通过点对点方法，建立社区对健康相关错误信息的抵御能力，以及利用当地(线上和线下)社交网络，使社区有能力在自己的社区空间内跟踪和解决错误信息。当人们不容易从其信任的来源找到准确的健康信息时，错误信息就会大量涌现。此类信息空白是可以预防的。如能及早发现，可通过针对特定人群的可靠健康信息迅速加以填补。这是在突发事件情况下减少健康相关错误信息影响的最有效预防策略。社区中的各种说法、看法和动机演变迅速。延迟应对可能导致低效，甚至会因削弱对政府及其应急措施的信任而适得其反。为避免这一隐患，必须快速识别混淆的来源，弄清人们搜索健康信息的方式并找到能有效满足其信息需求的办法。随着社区中各种说法不断变化，可在沟通和制订应急规划时，利用证据来校正行动方向。一个有用的办法是建立决策树来指导监测信息疫情并决定何时以及如何采取行动。目前，已得到认可的一种关键技术是“预先揭穿”，即通过揭露错误信息手段以及在可能的错误信息被广泛传播和在日常生活中被人们接触到之前，先行予以描述来教会人们识别媒体操纵手段。可以教育人们如何识别错误信息和媒体操纵技术。这可通过使用数字策略来完成。例如，基于短信的“预先揭穿”课程，能模仿自然的人类对话的下一代聊天机器人以及通过应用程序进行的基于游戏的学习等。记者和专业事实核查人员是确保分享准确健康信息的关键，他们可能有能力反驳虚假的健康声明。

（3）努力以不同的数字格式，开发高质量、可访问的健康信息。

应审查和加强国家或地方公共卫生主管部门的网站和社交媒体活动，以便更容易通过搜索引擎和其他互联网技术找到健康内容。建立一个可供事实核查组织、社交媒体平台和媒体参考的网页。这个页面可纠正任何健康相关错误信息，并应定期以新的和更新后的内容刷新材料。应删除可能导致混淆和助长错误信息的过时健康指导和信息。应考虑各种不同群体能使用的互联网访问类型。这包括低带宽连接用户和残疾人。网站应适应当地文化，并得到翻译，以吸引多语种受众。内容应适应移动设备，因为全球大多数人都使用移动设备来搜索健康信息。当人们自行调整和使用健康信息而不是宣传卫生主管部门的信息时，健康信息能传播得更远，因为某些社区对卫生主管部门的信息可能不信任。这方面的鼓励措施，可包括以可重复使用、能重新混合和共享并旨在通过社交网络进行数字传播的格式传播健康信息。当无法获得可重新利用的准确、高质量内容时，不准确、侮辱性或潜在有害的内容便可能会取而代之。扩大与线上和线下新型社区的伙伴关系，营造一个拥有大量准确健康信息，不易找到和分享错误信息的更健康的信息环境。例如，专业网络、约会用社交网络和基于兴趣的社交网络等。教育、电信、食品和医药以及消费者保护部门，可以成为信息疫情管理的合作伙伴。例如，教育部门可将健康、数字和信息素养纳入课程。在食品和药物安全方面，可以加强能提供可靠健康信息的规划。可呼吁私营部门链接到政府公共卫生网站或其他可信的网站或者链接到与突发事件或健康主题相关的帖子和内容。

(4)建立一支管理信息疫情的人力队伍,以便快速洞察和应对信息疫情。

一些公共卫生主管部门尚无专门的信息疫情管理团队,但其中许多已经在应对 COVID-19 相关错误信息。第一步,作为开始,摸清现有员工从事这项工作的技能、资源和能力,并了解应对 COVID-19 期间,在处理健康相关错误信息方面的经验教训,可有所帮助。第二步,可以确定信息疫情管理需求,包括突发事件防范和常规卫生规划的预算、人员配备和能力建设需求。可利用基于能力框架的人力资源管理行动计划来实施战略。第三步,培训和建立一个信息疫情洞察小组,可灵活部署以应对突发事件,并解决其他公共卫生背景下的健康相关错误信息。界定信息疫情洞察小组在应急结构中的作用。制定标准操作程序,以快速洞察信息疫情,确保信息疫情管理与风险沟通和社区参与工作明确挂钩并保持一致。

二、我国信息流行病防治/管理政策体系构成

加强信息疫情管理是应对当前 COVID-19 大流行的一项重要策略。未来,监测和评估信息疫情管理的影响,对于确定其有效性和可持续性至关重要。在《世界卫生组织政策简报: COVID-19 信息流行病管理》中,报道的信息流行病管理政策,为我国制定防控突发公共事件信息流行病提高了重要借鉴。

借鉴《世界卫生组织政策简报: COVID-19 信息流行病管理》中报道的信息流行病管理政策,本书提出当前亟待构建的信息流行病防治/管理政策体系,具体如图 3-7 所示。

由图 3-7 可知,当前我国亟待制定的信息流行病防治/管理政策如下。

(1)卫生工作者信息流行病防治/管理培训政策。涉及社区卫生工作者、健康促进工作者、社会工作者和其他相关人员的培训。

(2)健康、信息和数字知识普及政策及计划。特别需要关注弱势群体

(3)确保开发高质量、可访问健康信息政策及措施。制定政策及措施,激励以多种形式开发高质量、可访问的健康信息产品。

(4)信息流行病防治/管理人才队伍建设政策及措施。制定系列政策及措施,促进信息流行病防治/管理人才队伍建设。

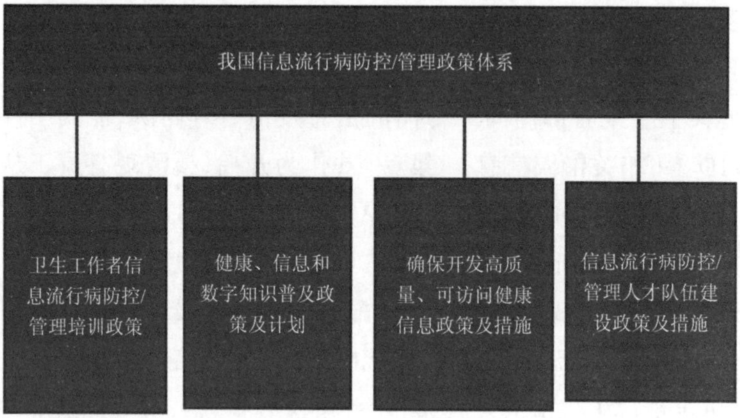

图 3-7 当前我国亟待构建的信息流行病防治/管理政策体系

第四章 对信息流行病的防治研究(二)

第一节 信息流行病防治中的信息核查

加强对已知情况的理解(翻译)和解释,事实核查声明,并处理错误是 WHO 应对信息流行病的重要行动领域。信息知识的提炼、筛选和事实核查,是信息流行病管理的四大支柱之一。因此,它是提升信息辨析能力、强化信息流行病管理的重要内容。

一、WHO《识破涉疫谣言步骤》

WHO 介绍的《识破涉疫谣言步骤》,识破涉及疫情的谣言的 7 个步骤,包括:评估来源、挖掘标题背后的故事、确定作者、核对日期、检查支持性证据、检查自己的偏见、向事实核查机构求证,具体见图 4-1。

图 4-1 世界卫生组织破涉疫谣言步骤(来自世界卫生组织官网)

由图 4-1 可知,识破涉及疫情的谣言的 7 个步骤如下。

第一步:评估来源。收到信息后,可以问几个问题。如谁将信息分享给你?他们是从哪里获得的信息?即便是朋友或家人,也需审核其来源。

第二步:不要轻信标题。标题可能是为了轰动或煽动效应而有意为之,以获得高点击量。不要只读一篇文章的标题,要更进一步,看清整个事件。

第三步:鉴别作者。可以上网搜索相关信息的作者,分析一下,是否值得相信。

第四步:核对日期。看到信息时,可以自问这几个问题。这是最近的扳道吗?是不是最新的或与当前的事件相关?标题、图片、统计数据,是否被断章取义?

第五步:检查支持性证据。值得信赖的信息往往有对应的证据,包括能实的专家、可供查阅的统计或研究报告等。

第六步:检查自己的偏见。要评估自己的偏见,不要因为偏见而误解相关消息。

第七步:向事实核查机构求证。若对相关信息有疑问,可以咨询值得信赖的事实核查组织。

二、国际图联《如何发现假冒新闻》(COVID-19 流行版)

与 COVID-19 相关的错误信息作斗争,是应对疫情的整体对策的关键部分,图书馆有声誉和技能为此做出重要贡献。IFLA 制作了一个《如何发现假冒新闻》(COVID-19 流行版)信息图[①](见图 4-2)。IFLA 重点关注了大流行期间遇到的一些问题。IFLA 认识到今天许多新闻都是通过社交媒体上的对话传播的,特别是需要与其他来源核实。

该信息图显示,可以通过以下八步发现假冒新闻。

第一步:核实来源,有作者吗?查看他们在相关问题上的信誉。

第二步:扩大阅读,为了获得点击,标题可能会过分扯人眼球,整个故事是什么呢?

① International federation of library associations and institution. how to spot fake news? [EB/OL]. [2021-09-26].https://repository. ifla.org/ handle/123456789/1289.

第三步:支持来源,点击链接或查看官方来源,他们支持这个故事吗?

第四步:其他人同意吗?是否有其他网站对此进行了报道?他们引用了哪些消息来源?

第五步:是不是个笑话?如果它太古怪,它可能是讽刺。研究确定其来源。

第六步:检查你的偏见考虑一下你自己的信念或担忧是否会影响你的判断。

第七步:询问专家询问图书馆工作人员,或咨询世界卫生组织等官方机构的事实核查网站。

第八步:分享之前请留意不要分享你没有事先查看过的帖子或故事。

图 4-2　COVID-19 流行版《如何发现假冒新闻》信息图

三、部分典型事实核查网站

1. 世界卫生组织“谣言粉碎机”

自 COVID-19 疫情暴发后，世界卫生组织（WHO）在其官网上，开设了 Mythbusters 专栏①，其网页截图见图 4-3。其访问路径为：Home/Diseases/Coronavirus disease（COVID-19）/Advice for the public/Mythbusters。该专栏开设有“不实信息在线举报”“事实核查”等功能。

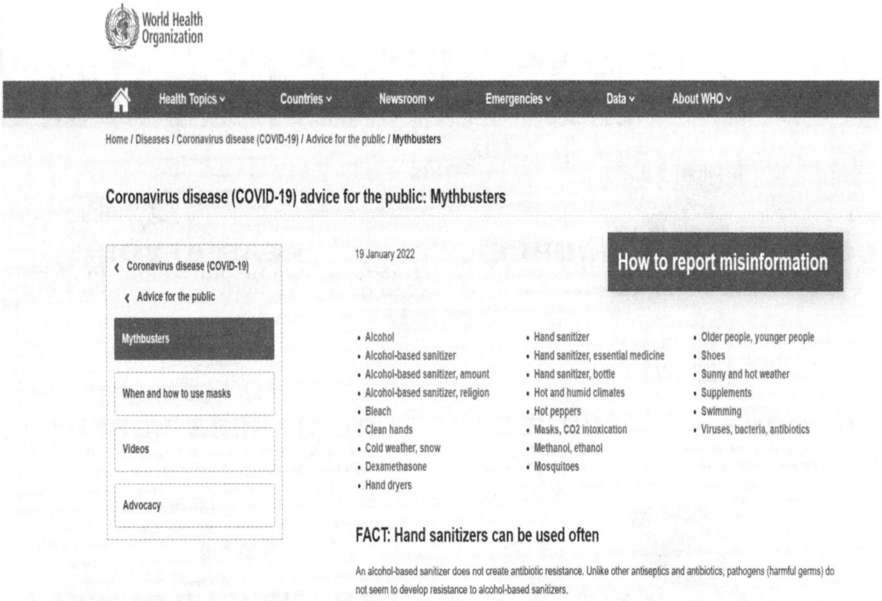

图 4-3 WHO“谣言粉碎机”网页截图（2023-4-22）

2. 中国互联网联合辟谣平台

中国互联网联合辟谣平台（http：//www.piyao.org.cn/），是由中央网信办举报中心主办、新华网承办，建立了多部委指导、地方和主要网站参与、权威专家支持、群众举报监督的网络联动辟谣机制。辟谣范围，涵盖时事热点、公共政策、科学常识等领域。

平台指导单位：中共中央党校、中央党史和文献研究院、国家发展和改革委

① World health organization.mythbusters[EB/OL].[2023.3.12].https：//www.who.int/emergencies/diseases/novel-coronavirus-2019/advice-for-public/myth-busters.

员会、教育部、科学技术部、国家民族事务委员会、公安部、民政部、司法部、人力资源和社会保障部、自然资源部生态环境部、住房和城乡建设部、交通运输部、农业农村部、商务部、文化和旅游部、国家卫生健康委员会、退役军人事务部、应急管理部、中国人民银行、国家市场监督管理总局、国家宗教事务局、中国科学院、中国社会科学院、中国气象局、中国证券监督管理委员会、中国银行保险监督管理委员会、中央军委政治工作部、共青团中央、中国科学技术协会、国家医疗保障局。

平台成员单位:新华网(http://www.xinhuanet.com/)、人民网求真(http://society.people.com.cn/GB/229 589/)、中国食品辟谣网(http://www.xinhuanet.com/food/sppy/indcx.html)、北京地区联合辟谣网站平台(https://py.qianlong.com/)、四川互联网联合辟谣平台(https://scpiyao.org.cn/)、科学辟谣(https://piyao.kepuchina.cn/)等29家。

平台合作单位:新浪微博、头条辟谣、较真、百度、捉谣记、UC官方辟谣平台。

平台设置“线索举报”“谣言查证”“权威辟谣”三类服务功能,如图3-8所示。

图4-4 中国互联网联合辟谣平台“网络谣言曝光平台”网页截图(2023年4月22日)

3. 国际事实核查网络

国际事实核查网络(International Fact-Checking Network，IFCN)[①]，2015年9月在美国成立，由(美)波因特研究所建立，目前有47家事实核查机构加入，其中包括绝大多数影响力较大的事实核查机构。其主要工作为：①实时监测全球事实核查的动态；②帮助全球事实核查者建立统一的立场；③推广事实核查工作原则；④为奖学金活动、创新资助项目提供资金；⑤举办年度事实核查全球峰会，推动全球事实核查事业发展；⑥提供在线培训；⑦通过年度国际事实核查日倡导和推广事实核查。

4. 原稿

原稿是一个事实核查新闻联盟，是由Google、Storyful及谷歌新闻实验室资助的几个事实核查机构，于2015年6月共同创建了的媒体合作项目，旨在应对数字时代的媒体信任和虚假新闻问题。2016年9月，First Draft开始与全球各地的新闻编辑室、科技公司、人权组织和大学进行合作，帮助对方开展宣传并扩大工作范围，如今已经有近100家新闻机构和事实核查机构参与到First Draft的实践社区。2017年10月，First Draft迁至哈佛大学约翰肯尼迪政府学院。First Draft作为一个事实核查新闻联盟，并不直接开展事实核查，而是利用其影响力和关系网络组织多家媒体或事实核查机构，共同展开一些事实核查项目。

第二节　对信息流行病防治中的培训

在整个生命过程中，特别是在卫生保健工作者和弱势群体中，促进数字健康素养、健康素养、信息素养和媒体素养提升，是WHO应对信息流行病的重要行动领域。2020年11月2至26日，2021年6月1日至25日，2021年11月5日至12月15日，WHO先后进行了第一、第二、第三次信息流行病防治/管理培训。这些培训的课程内容，为我国开展信息流行病防治/管理培训，促进卫生保健工作者和公众数字健康素养、健康素养、信息素养和媒体素养提升，具有重要参考价值。

① 李希光，吴艳梅."后真相"时代的事实核查新闻：发展与局限[J].全球传媒学刊，2018，5(2)：52-75.

一、WHO 第一次信息流行病防治/管理培训

与美国疾病控制和预防中心、非洲疾病控制和预防中心以及 RCCE 集体服务机构合作，在 First Draft 支持下，WHO 于 2020 年 11 月 2 至 26 日，举行第一次信息流行病防治/管理培训。

培训目的：涵盖一系列信息流行病防治/管理技能和主题，重点是应用信息流行病防治/管理干预措施和实践所需的技能，以提高个人和社区对信息流行病(包括错误信息)的适应力，并提高个人自我保护健康的自我效能行为。培训将涵盖信息流行病和健康错误信息方面的全球和区域特定主题。

信息流行病防治/管理者能够达到的能力。衡量和监测突发卫生事件期间信息流行病的影响；检测并了解信息流行病的传播和影响；响应和部署保护和减轻信息流行病及其有害影响的干预措施；评估信息流行病干预措施并加强个人和社区对信息流行病的适应力；促进信息流行病防治/管理工具的开发、改造和应用。

培训目的课程(含专题及其目的及主题)见表 4-1。

表 4-1　世界卫生组织第一次信息流行病防治/管理培训(2020 年 11 月 2 日至 26 日)课程

专题序号及课时	专题名称	目的(Objective)	主题(Topics)
第　单元，11 月 2 日			
专题 1，30 分钟	Seven habits of people who are working in infodemic management(信息流行病管理工作人员的七个习惯)	Articulating concepts of working in infodemic management effectively at country level(阐明在国家一级有效从事信息流行病管理工作的概念)	• Needs of policy makers and how infodemic management contributes to information needs(决策者的需求以及信息流行病管理如何有助于满足信息需求) • Principles or effective work at country level, bridging evidence to policy(国家级的原则或有效工作，将证据与政策联系起来)

续表

专题序号及课时	专题名称	目的(Objective)	主题(Topics)
专题2,30分钟	Public Health and Epidemiology in context of infodemic response(信息流行病应对背景下的公共卫生和流行病学)	• Understanding how infodemics cause adverse public health outcomes and challenges to epidemic response • Understanding basic epidemiological and disease surveillance and response concepts and approaches • Identifying key roles of health authority systems and structures related to data collection, management, analysis and reporting how they apply to infodemic management • Understanding how epidemiological tools, methods and intervention approaches may be applied to infodemiology and infodemic management (review five streams slides)	• Public health and epidemiological concepts and principles • Epidemiology to infodemiology crosswalk • Objectives of work by an epidemiologist vs objectives of an infodemic manager
专题3,30分钟	International Health Regulations (2005), emergency preparedness and response(《国际卫生条例》(2005年),应急准备和响应)	• Understanding functional roles for infodemic management skills to fit within incident management structure; • Determining how to operate in complex settings and hierarchy of needs and how information/misinformation flows may reflect population concerns and needs in an emergency	• IHR 101 • Principles of emergency preparedness and response(应急准备和响应原则) • Incident management structures(事件管理结构) • Humanitarian and other emergencies(人道主义和其他紧急情况)
第二单元,11月2日			

续表

专题序号及课时	专题名称	目的(Objective)	主题(Topics)
专题1,45分钟	Risk Communication and Community Engagement(风险沟通和社区参与)	• Utilizing basic risk communication principles; • Diagnosing RCCE challenges to uptake of a specific health behavior;/ • Developing and tailoring messages for different audiences to elicit different social and behavioral responses	• Foundations of RCCE(RCCE基础) • Basics of crisis communication(危机沟通的基础) • Approaches to rumor monitoring at community level(社区层面的谣言监控方法) • Strategies for messaging and response(信息传递和响应策略) • Engagement of communities(社区参与)
专题2,30分钟	Working with media, journalists and tech industry in message dissemination(与媒体、记者和科技行业合作传播信息)	•Information seeking about COVID-19 and communicating through media and communication channels • Partnerships with tech companies in message dissemination and amplification	
专题3,45分钟	Involving civil society in infodemic response(让民间社会参与信息流行病应对)	• Understand civil society role in infodemic response(了解民间社会在信息应对中的作用) • Understand the factchecking stakeholders and process(了解事实核查利益相关者和流程)	• Overview of development of factchecking • Relationship between factcheckers and health professionals • Identifying steps in factchecking process; • Factchecking a piece of submitted information
实验1,45分钟	Skills Lab - Fact checking process and tools(核查过程和工具)	• Utilizing multiple factchecking tools or programs to check and classify misinformation(利用多种事实核查工具或程序对错误信息进行核查和分类)	

续表

专题序号及课时	专题名称	目的（Objective）	主题（Topics）
	Check-point on Elnor infodemic response assignment, conclusion of session, next steps（Elnor 信息流行病响应工作检查点，丹云结论，下一步）	• Infodemic management response in emergencies – what does it feel like • Key questions to guide “sense-making” once in country • Preparation of the final group assignment for 26 November – group pitch to Ministry of Health • Next steps for Elnor exercise	
HOME-BASED WORK IN-BETWEEN SESSIONS 2 AND 3（第 2 和第 3 单元之间的家庭作业）			
作业 1	Learning from 1918 Spanish flu for better infodemic response in COVID-19		
作业 2	A tale of two pandemics: Applying what we’ve learned from combating HIV stigma & misinformation to the COVID-19 response		
作业 3	Responding to the Infodemic in Congo DRC: Experiences from Ebola, Polio and other outbreaks		
作业 4	Listening and responding to communities in Africa		
作业 5	How misinformation is connected to the overall vaccination demand and programme implementation		
作业 6	Tobacco and the infodemic		
作业 7	Young people and the infodemic		
作业 8	The Infodemic: Understanding the Health Gender Digital Divide		
作业 9	Culture and the infodemic		
第三单元，11 月 9 日			

续表

专题序号及课时	专题名称	目的(Objective)	主题(Topics)
专题1,45分钟	Infodemic time machine: What have we learned from how misinformation affects human behavior and effectiveness of response(信息流行病时间机器:我们从错误信息如何影响人类行为及反应的有效性中学到什么)		• Summarizing the themes from home-assignment topics(总结家庭作业主题) • Linking how misinformation affects cognition and behavior in individuals and communities(将错误信息如何影响个人和社区认知和行为联系起来) • Identifying risk factors to vulnerability to misinformation(识别易受错误信息影响的风险因素)
专题2,120分钟	Health misinformation and infodemics: A framework approach to infodemic management(健康错误信息和信息流行病传播:信息流行病管理的框架方法)	• Assembling components of a comprehensive infodemic management strategy(综合信息流行病管理战略的组成部分) • Applying principles of implementation research and evaluation(应用实施研究和评估的原则)	
HOME-BASED WORK IN-BETWEEN SESSIONS: COUNTRY CASE EXAMPLES(单元间家庭作业:国家案例)			
案例1	Africa Infodemic Response Alliance		
案例2	Infodemic in Thailand		
案例3	Infodemic in Canada and Quebec		
案例4	Counting & countering the infodemic in Aotearoa New Zealand: global issues, situated solutions		
案例5	Infodemic in Malta		
案例6	Infodemic in Sri Lanka		
案例7	Infodemic in Indonesia		
案例8	Infodemic response in Kenya		
案例9	Infodemic in Peru		
案例10	Infodemic in Congo DRC		

续表

专题序号及课时	专题名称	目的(Objective)	主题(Topics)
第四单元,11 月 12 日			
专题 1,30 分钟	How have SE Asian countries responded to the infodemic(东南亚国家如何应对这一信息流行病危机)	• Class discussion and reflections from country examples on the key common challenges in the life cycle of an infodemic that countries face on the ground, • Reflections on factors that contributing to implementation of infodemic management in countries	
专题 2,45 分钟	Ethics in planning interventions and researching for infodemic management(信息流行病管理干预措施规划和研究中的伦理问题)	• Identifying potential ethical pitfalls in infodemic management data collection practices and use; • Choosing appropriate data collection methods that reduce risk of collecting private or protected information; • Negotiating balancing mitigating spread of misinformation and censorship or curtailing freedom of expression	• Ethics, freedom of speech, censorship and policy and how they intersect • Identifying potential ethical pitfalls in infodemic management data collection practices and use • Choosing appropriate data collection methods that reduce risk of collecting private or protected information • Negotiating balancing mitigating spread of misinformation and censorship or curtailing freedom of expression
专题 3,45 分钟	Research tactics for understanding impact of infodemics in vulnerable or at-risk populations, especially communities which are hidden or un-networked(了解信息流行病对弱势或高危人群的影响的研究策略,尤其是隐藏或未联网)	• Reflections and decision-making on the most appropriate method for identifying and collecting data from populations who are vulnerable (humanitarian settings) • Determining risk factors for individuals or groups acting on health misinformation • When do you NOT need evidence?	

续表

专题序号及课时	专题名称	目的(Objective)	主题(Topics)
第五单元,11 月 16 日			
专题 1,30 分钟	Mitigating Medical Misinformation During an Infodemic(减少信息流行病中的医疗错误信息)		
专题 2,45 分钟	Behavioral science and mental heuristics and how they affect design of research and interventions(行为科学和心理启发式及其如何影响研究和干预措施的设计)	Behavioral science and mental heuristics and how they affect design of research and interventions	• Inoculating against misinformation: "pre-bunking" and social inoculation approaches demystified • Structuring an inoculation strategy to counteract large mis/disinformation narratives before more mutations emerge
实验 1,60 分钟	Skills Lab - Social marketing and design techniques(社会营销和设计技巧)	• Examining lessons learned from social and behavior change, marketing and human centered design • Applying these lessons to design and implement more effective misinformation and infodemic interventions Topics: • Key insights from behavior change, marketing and human centered design • How public health has been able to adopt and adapt effective approaches to behavior change drawing from commercial marketing, behavioral economics and human-centered design • The power of speaking to who people are, not what they (don't) know • How a focus on human behavior can address misinformation and help us to design and implement more effective infodemic interventions	

续表

专题序号及课时	专题名称	目的(Objective)	主题(Topics)
实验 2,60 分钟	Skills Lab - Pretesting content and incorporating user(预测内容及整合用户)	Using pretesting of content and related methods to optimize content for greater impact(使用内容预测试和相关方法优化内容以获得更大影响力)	• Pretesting content and incorporating user feedback • Testing messages for safety; • Designing focus group discussions and interviews in rapid formats to pre-test content; • Incorporating user feedback in every aspect of intervention development Conclusion of
第六单元,11 月 19 日			
专题 1,45 分钟	Social network analysis, social media analysis(社会网络分析,社交媒体分析)	• Identifying parts of a social network map; • Describing network relationships and information flows from multiple types of data; • Determining how map can inform infodemic management strategies	• understanding online relationships and conversations • practical tips for setting up social listening for monitoring and analysis • identifying technology solutions to solve your social listening problems • What are essential aspects of AI/NLP that help understand how projects for AI-based social listening are set up
实验 1,60 分钟	Skills Lab: Using CrowdTangle to understand online conversations(使用 CrowdTangle 理解线上会话内容)		• Presenting different flavors of Crowdtangle(full and free) • Tracking performance of different types of social media content; • Creating searches to capture dominant narratives and viral content; • Analyzing Facebook analytics; • Optimizing content for higher engagement; • Identifying common elements of successful content, including misinformation-containing content

续表

专题序号及课时	专题名称	目的(Objective)	主题(Topics)
实验 2,45 分钟	Skills Lab: Facebook Data for good and Social Connectivity Index(永久 Facebook 数据和社交互联互通指数)		• Data for good initiative, example data sources on COVID-19, including Social connectivity index • Walk through this tutorial as a great beginners guide to anyone looking to work with geospatial / GIS tools that combines two of our public data sets to create a simple COVID-19 risk map
实验 3,35 分钟	Skills Lab: Using data correctly in infographics and Visualizations(正确使用数据:信息图表和可视化)		• Choosing appropriate visualization techniques for different data sets • Importing and manipulating multiple types of data • Discussion of how to evaluate data use, quality and appropriate visualization approaches
专题 2,20 分钟	I Boost Immunity and Kids Boost Immunity-inspiring learning through global Citizenship(增强免疫——通过全球激励公民学习)		
第七单元,11 月 23 日			

续表

专题序号及课时	专题名称	目的（Objective）	主题（Topics）
专题 1，45 分钟	UX and Designing for friction：making it harder to share misinformation，and easier to share accurate information with user testing and design tweaks（用户体验和摩擦设计：使分享错误信息变得更加困难，以及更容易与用户测试和设计调整共享准确的信息）	• Creating a design process that centers the needs and experiences and feedback of target population； • Considering the online-offline gap in exposure，intent and action and how one might design solutions that bridge the gap；	• interdisciplinary perspective and talking about design with reference to how existing platforms work as well as preventive/corrective interventions. • "design" from behavioural and technological point of view • what we mean by 'design' in this context，taking account of both behavioural and technological aspects. • evaluation methods that may be used to lab- & field-test interventions as well as to check for unintended backfire effects. • what governments can do to incentivise more responsible design by platform providers and automated methods for off-lining harmful misinformation. • ethical dilemmas presented by social listening，censorship
实验 1，45 分钟	Skills Lab-Google tools to analyze infodemic（分析信息流行病的 Google 工具）		Utilizing Google Analytics，Trends，Alerts and related components to track patterns of content use and engagement

续表

专题序号及课时	专题名称	目的(Objective)	主题(Topics)
专题 2,30 分钟	Leadership skills for infodemic management(信息流行病管理的领导技能)	• Troubleshooting specific management or performance issues on the job(对工作中的特定管理或绩效问题进行故障排除) • Managing conflict and best practices for finding compromise(管理冲突和寻求妥协的最佳做法) • Practicing intercultural competency(练习跨文化能力)	• mentoring, coaching(指导,指示) • problem solving techniques(问题解决方法) • conflict management(冲突管理)
实验 2,45 分钟	Skills Lab-Cheap and fast tools for analysis of the infodemic(价廉快速的信息流行病分析工具)		• Cheap and fast tools for analyzing and creating a "state of infodemic" report • Building a rapid assessment with limited analytic tools and time; • Leveraging open source tools for social media and listening data collection
第八单元,11 月 26 日			
内容 1,150 分钟	Final group presentations and discussion(小组最后陈述和讨论)		
内容 2,15 分钟	Evaluation of course(课程评估)		
内容 3,30 分钟	Infodemic management: wrap up, resources, and next steps after training(信息流行病管理:总结、资源和培训后的下一步行动)		
内容 4,15 分钟	Conclusion remarks(总结评论)		

二、WHO第二次信息流行病防治/管理培训

2021年6月1日至26日，世界卫生组织再次与美国疾病预防控制中心合作，于2020年11月2日至26日举行第二次信息流行病管理培训。ECDC和联合国儿童基金会是此次培训的合作伙伴。

培训目的。培养卫生当局工作人员在信息流行病管理方面的技能；为联合国工作人员提供了解信息流行病管理的机会；成为创建未来信息流行病培训设施培训模块的基础。培训结束后，联合国和卫生当局的工作人员将在国家应对信息流行病中应用所获得的技能，并支持技能共享网络的发展；那些作为自由顾问的受训人员，将被纳入世卫组织具有适当资格的顾问库，以通过在各国的技术援助任务，支持国家应对信息流行病管理。

培训内容涵盖信息流行病和健康错误信息方面的全球和区域特定主题。经培训，信息流行病管理者能衡量和监测突发卫生事件期间信息流行病的影响；检测并了解信息流行病的传播和影响；响应和部署保护和减轻信息流行病及其有害影响的干预措施；评估信息流行病干预措施并加强个人和社区对信息流行病的适应力；促进信息流行病管理工具的开发、改造和应用。

世界卫生组织第二次信息流行病管理培训（2021年6月1日至26日）课程内容，具体见表4-2。

表4-2 WHO第二次信息流行病管理培训（2021年6月1日至26日）课程

专题序号及课时	专题名称
第一单元，Cohort A：6月1日，Cohort B：6月2日	
专题1，15分钟	Overview of Competency Framework（能力框架概述）
专题2，30分钟	Get deployed and get useful! Soft skills for infomedic managers（部署并发挥作用！信息流行病管理人员的软技能）
专题3，30分钟	Elnor Discussion in breakout. Goal: get to know each other and get organized!（突破Elnor讨论。目标：相互了解并组织起来）
Master Class Videos to Learn at Your Own Pace（名师班视频，按照自己的节奏学习）	
自学1	Public Health and Epidemiology in context of infodemic response
自学2	U-Report
自学3	Misinformation Guide

续表

专题序号及课时	专题名称
自学 4	Risk Communication and Community Engagement
第二单元,INTRODUCTION TO THE SCIENCE OF MISINFORMATION(不实信息学导论)	
专题 1	Debunking: The facts and relying on assumptions about backfire effect(揭穿:关于回火效应的事实和假设)
专题 2	Misinformation Escape Room(虚假信息逃避室)
专题 3	COVID-19 Vaccine Misinformation & Narrative(COVID-19 疫苗错误信息及叙述)
第三单元,Cohort A: 6 月 8 日,Cohort B: 6 月 9 日	
专题 1,30 分钟	Using offline social listening tools to reach communities(使用离线社交倾听工具接触社区)
实验 1,60 分钟	Skills Lab – Advances in digital social listening, Introducing the EARS tool + Your Social Listening Assignment(数字社交听力进步,引入 EARS 工具+您的社交倾听工作)
Master Class Videos to Learn at Your Own Pace(名师班视频,按照自己的节奏学习)	
自学 1	EARS social listening tool
自学 2	Skills Lab – Google tools to analyze infodemic
自学 3	Skills Lab – Facebook Data for Good and Social Connectivity Index
自学 4	Facebook Data for Good
自学 5	Ethics for researching & planning management interventions in infodemics
自学 6	Social Listening with Sprout Social
自学 7	A Global Conversation: COVID-19 Infodemic Intelligence
自学 8	TalkWalker Presents: Free tools for an infodemic
自学 9	A Practical Approach to Understanding and Action on COVID-19 Risk Perceptions Among the Public
自学 10	Social Listening in South Africa
第四单元,Cohort A: June 10,Cohort B: June 11	
实验 1,30 分钟	Skills lab - Pre-bunk: Why, what and how to do it?(铺垫:为什么、做什么以及如何做?)
实验 2,30 分钟	How to set up fact checking? what do I do?(如何事实核查)
实验 3,30 分钟	Skills lab - Cheap and fast tools for analysing and creating a "state of infodemic" Report(用于分析和创建"信息流行病状态"报告的价廉快速工具)
Master Class Videos to Learn at Your Own Pace(名师班视频,按照自己的节奏学习)	

续表

专题序号及课时	专题名称
自学 1	Using Network Science to Study the Spread of COVID-19 Dis/Misinformation Campaigns on Social Media
自学 2	A Rapid Response COVID-19 Project on Ryerson University's Social Media Lab
自学 3	Revealing the detailed machinery of COVID-19 and vaccine online misinformation
自学 4	Social Network Analysis
自学 5	Photo and Video Verification Tools and Approach
自学 6	Online Surveys and A/B testing
第五单元，Cohort A：June 15，Cohort B：June 16	
专题 1，30 分钟	Case Study on Vaccine Confidence Data Triangulation（疫苗置信度数据 Triangulation 案例研究）
专题 2，45 分钟	Integrated Outbreak Analytics（IOA）综合疫情分析
专题 3，35 分钟	A/B Testing - UN Global Pulse（A/B 测试——联合国全球脉动行动）
Master Class Videos to Learn at Your Own Pace（名师班视频，按照自己的节奏学习）	
自学 1	Social marketing and design techniques
自学 2	Online Surveys and A/B testing
自学 3	Finding facts during scientific uncertainty with a focus on techniques utilized by spreaders of misinformation to create doubt and confusion about the cases of COVID-19 and vaccine safety
自学 4	Using narrative evidence to convey health information on social media：The case of COVID-19
第六单元，Cohort A：June 17，Cohort B：June 18	
专题 1，30 分钟	AIRA VIRAL FACTS：Prebunking，debunking，and amplifying credible health Information（AIRA 病毒事实：预测、揭穿和放大可信健康信息）
专题 2，30 分钟	Reflections on country examples managing the infodemic（国家信息流行病管理实例思考）
Master Class Videos to Learn at Your Own Pace（名师班视频，按照自己的节奏学习）	
自学 1	Working with Media，Journalists and Tech Industry in Message Dissemination
自学 2	Lessons in communication using humor and authenticity
自学 3	The 6 C's - knowledge & skills - for misinformation literacy
自学 4	Engaging with faith communities during health emergencies
自学 5	Case studies：Coordinating efforts to manage infodemics in Guinea（Ebola）
第七单元，Cohort A：Cohort A：June 22，Cohort B；June 23	

续表

专题序号及课时	专题名称
专题1,45分钟	How systematic listening can help us better respond to COVID-19(系统倾听如何帮助我们更好地应对COVID-19)
专题2,30分钟	Monitoring and Evaluation of Public Health Responses(公共卫生应对措施的监测和评估)
专题3,30分钟	Evaluating behavioural and social drivers of vaccination – How to respond to low uptake of COVID-19 vaccines(评估疫苗接种的行为和社会驱动因素——如何应对新冠疫苗的低接受率)
专题4,30分钟	Working with Ministry of Health - Can you hear me?(与卫生部合作-你能听到我说话吗?)
第八单元,Cohort A: June 24,Cohort B: June 25	
内容1,150分钟	Final group presentations and discussion(最后小组陈述、讨论)
内容2,15分钟	Evaluation of course(课程评估)
内容3,20分钟	Closing training, next steps, and resources available after training(结束培训、下一步行动以及培训后可用的资源)

三、WHO第三次信息流行病防治/管理培训

2021年11月15日至12月15日,世界卫生组织第三次信息流行病防治/管理培训,由美国疾病预防控制中心、联合国儿童基金会和RCCE集体服务共同主办。

培训旨在满足未来信息流行管理人员以及信息流行管理人员的需要。它强调了新发布的劳动力响应信息流行病管理能力框架中描述的能力。通过培训,学员将了解到信息流行病管理中的新兴话题;战略发展;信息流行病管理中的政策影响。

学员在模拟练习中,练习新学到的技能。学员们成群结队,虚拟部署在独角鲸海沿岸一个繁荣的奇幻国度,名为Wishdom。在日益加剧的流行病疲劳和停滞不前的COVID-19疫苗覆盖以及猖獗的信息流行病中,Wishdom经历了卫生部领导层的变化。

WHO第三次信息流行病管理培训(2021年11月16日至12月9日),课程见表4-3。

表 4-3 WHO 第三次信息流行病防治/管理培训课程(2021 年 11 月 16 日至 12 月 9 日)

专题序号及课时	专题名称
第一单元,2021 年 11 月 16 日 WHAT IS INFODEMIC MANAGEMENT AND WHAT HAVE WE LEARNED DURING COVID-19 RESPONSE(什么是信息流行病管理以及我们在应对 COVID-19 期间学到了什么)	
专题 1	What is the infodemic and how IM has intensified with the COVID-19 crisis and what we have learned about Infodemic Management in Public Health(信息流行病是什么? 信息流行病是如何随着 COVID-19 危机而加剧的,以及我们对公共卫生信息流行病管理的了解)
专题 2	Infodemic management at 10,000 m(10 000 米处的信息流行病管理)
专题 3	Get Deployed and Get Useful for Infodemic Managers and Managers of Infodemic Managers(部署并获得合格的信息流行病管理者,以及信息流行病管理者的管理者)
专题 4	Introduction to Wishdom + Conclusion of session, next steps(介绍 Wishdom+单元结论+下一步)
OPTIONAL AT HOME LECTURES(可选的家庭讲座)	
家庭讲座 1	Public health and epidemiology in the context of infodemic response(信息流行病应对背景下的公共卫生和流行病学)
家庭讲座 1	A tale of two pandemics: Applying what we've learned from combating HIV stigma , discrimination and misinformation in responding to the COVID-19 pandemic(两次大流行的故事:将我们从打击艾滋病毒污名、歧视和错误信息中学到的知识应用于应对新冠大流行)
第二单元, 2021 年 11 月 18 日 USING SOCIAL LISTENING TO UNDERSTAND QUESTIONS, CONCERNS, NARRATIVES AND MISINFORMATION, AND INTEGRATED ANALYSIS TOGENERATE RECOMMENDATIONS FOR HEALTH PROGRAMS AND COMMUNICATIONS(利用社会倾听来理解问题、担忧、叙述和错误信息,并进行综合分析,为卫生计划和沟通提供建议)	
专题 1	Measuring the iceberg: Utilize social listening tools and methods to collect data (online and offline)(测量冰山:利用社交倾听工具和方法进行收集数据(在线和离线))
专题 2	WHO Early warning AI-supported social listening system, EARS(世界卫生组织预警 AI 支持的社交倾听系统, EARS)
专题 3	Integrated analysis of the iceberg: Classify and analyze data to provide insights, the case example of ivermectin use in the US(冰山的综合分析:对数据进行分类和分析以提供见解,以美国伊维菌素的使用为例)
专题 4	Key takeaways, conclusion of session, next steps(关键要点、单元结论、下一步行动)
OPTIONAL AT HOME LECTURES(可选的家庭讲座)	
家庭讲座 1	Using CrowdTangle to answer Research questions(使用 CrowdTangle 回答研究问题)

续表

专题序号及课时	专题名称
家庭讲座 2	A global conversation: COVID-19 infodemic intelligence(全球对话: COVID-19 信息流行病智能)
家庭讲座 3	Talkwalker presents: free tools for an infodemic(Talkwalker 展示:信息流行病免费工具)
家庭讲座 4	Revealing the detailed machinery of Covid-19 and vaccine online misinformation(揭示 Covid-19 和在线疫苗不实信息的详细机制)
家庭讲座 5	Social network analysis(社交网分析)
家庭讲座 6	Debunking: The facts and relying on assumptions about backfire effect(揭穿:关于回火效应的事实和假设
第三单元,2021 年 11 月 23 日 DELIVERY OF HIGH QUALITY HEALTH INFORMATION AND PROGRAMMING(提供高质量的健康信息和方案)	
专题 1	Building public health communications systems, credible and accurate information that are worthy of trust(建立公共卫生交流系统,有信用和准确的信息值得信任)
专题 2	Information equity and access (delivering high quality information is useless if it only reaches some people)(信息公平与获取(如果高质量的信息只传播给某些人,那么它是无用的))
专题 3	The 6 principles of crisis and risk communication(危机与风险沟通 6 原则)
专题 4	Brainstorm: 5 communications failures that kill operational success(头脑风暴:扼杀运营成功的 5 次沟通故障)
专题 5	Key Takeaways, conclusion of session, next steps(关键要点、单元结论、下一步)
OPTIONAL AT HOME LECTURES(可选的家庭讲座)	
家庭讲座 1	Mitigating medical misinformation during an infodemic(减轻信息流行病中的医疗错误信息)
家庭讲座 2	What have we learned from how misinformation affects human behaviour(我们从错误信息如何影响人类行为中得到什么启示)
家庭讲座 3	Behavioral science, cognition, & infodemic interventions(行为科学、认知和信息流行病干预)
家庭讲座 4	U-Report(U-报告)
家庭讲座 5	The Misinformation Field Guide(不实信息字段指南)
家庭讲座 6	Risk communication and community engagement(风险沟通和社区参与)
家庭讲座 7	Ethics for researching & planning management interventions in infodemics(管理干预信息流行病的研究和规划伦理)

续表

专题序号及课时	专题名称
第四单元,2021 年 11 月 26 日 INTERVENTION DESIGN, IMPLEMENTATION AND EVALUATION I(干预措施的设计、实施和评估 I)	
专题 1	Designing your way out of the infodemic(摆脱信息流行病的方法设计)
专题 2	The infodemic manager’s intervention toolbox(信息流行病管理者的干预工具箱)
专题 3	Case examples(案例)
专题 4	Discussion of case examples, conclusion of session, next steps(案例讨论,单元结论、下一步)
OPTIONAL AT HOME LECTURES(可选的家庭讲座)	
家庭讲座 1	Online surveys and A/B testing(在线调研及 A/B 测试)
家庭讲座 2	Engaging with faith communities during health emergencies(在突发卫生事件下与信赖社区接触)
家庭讲座 3	Social marketing and design techniques(社会营销和设计技巧)
家庭讲座 4	Fighting the infodemic(抗击信息流行病)
第五单元,2021 年 11 月 30 日 INTERVENTION DESIGN, IMPLEMENTATION AND EVALUATION II(干预措施的设计、实施和评估 II)	
专题 1	Pot-hole filling: how do you build a system and a network to overcome process, system or behavioral potholes/challenges on the road to health(填补漏洞:如何建立一个系统和网络来克服健康道路上的流程、系统或行为漏洞/挑战)
专题 2	How is the Carribean tackling the COVID-19 infodemic? Examples form countries who faced simultaneous challenges, and used different solutions.(Carribean 如何应对 COVID-19 信息流行病?一些国家同时面临挑战,并使用了不同的解决方案)
专题 3	Key Takeaways, conclusion of session, next steps(关键点、单元结论、下一步)
OPTIONAL AT HOME LECTURES(可选的家庭讲座)	
家庭讲座 1	Working with media, journalists and tech industry in message dissemination(与媒体、记者和科技行业合作传播信息)
家庭讲座 2	Lessons in communication using humour and authenticity(运用幽默和真实性进行沟通的课程)
家庭讲座 3	Social Listening in South Africa(南非的社会倾听)
第六单元,2021 年 12 月 2 日 PROMOTING AND SUPPORTING RESILIENCE, HEALTHY BEHAVIOURS AND COMMUNITY ENGAGEMENT(促进和支持康复力、健康行为和社区参与)	

续表

专题序号及课时	专题名称
专题 1	Engaging amplified partners and networks to codedevelop and disseminate guidance during emergencies(参与扩大伙伴和网络共同开发和传播紧急情况下的指导)
专题 2	thisisourshot(a network of health care professionals in US that actively push against misinformation online)(thisisourshot(美国的一个医疗保健专业人员网络,积极反对网上的错误信息))
专题 3	MAFINDO: testing infodemic interventions to increase resilience in specific communities in Indonesia(MAFINDO:测试信息流行病干预措施,以提高印度尼西亚的特定社区的康复力)
专题 4	iamhereinternational
专题 5	Key Takeaways, conclusion of session, next steps(关键点,单元结论、下一步)
第七单元,2021 年 12 月 6 日 SIMULATION EXERCISE CONCLUSION - REPORT BACK TO THE MINISTER OF HEALTH(模拟演习结论,向卫生官员汇报)	
专题 1	Group presentation and discussion with the Minister of Health(小组介绍和与卫生官员的讨论)
专题 2	Discussion, conclusion of session, next steps(讨论,单元结论,下一步)
第八单元,2021 年 12 月 9 日 STRENGTHENING PREPAREDNESS PLANNING, POLICY AND SYSTEMS & IM STRATEGY(加强预备规划、政策和系统&IM 战略)	
专题 1	Reflections on Wishdom, plenary discussion, next steps(对 Wishdom 的思考,全体讨论,下一步行动)
专题 2	Anti Infodemic Virtual Centers of America(美国反信息流行病虚拟中心)

四、我国信息流行病防治/管理培训课程体系构成

借鉴 WHO 第一次、第二次、第三次信息流行病管理培训课程设置,本书提出当前亟待构建的信息流行病防治/管理课程培训体系,具体如图 4-5 所示。

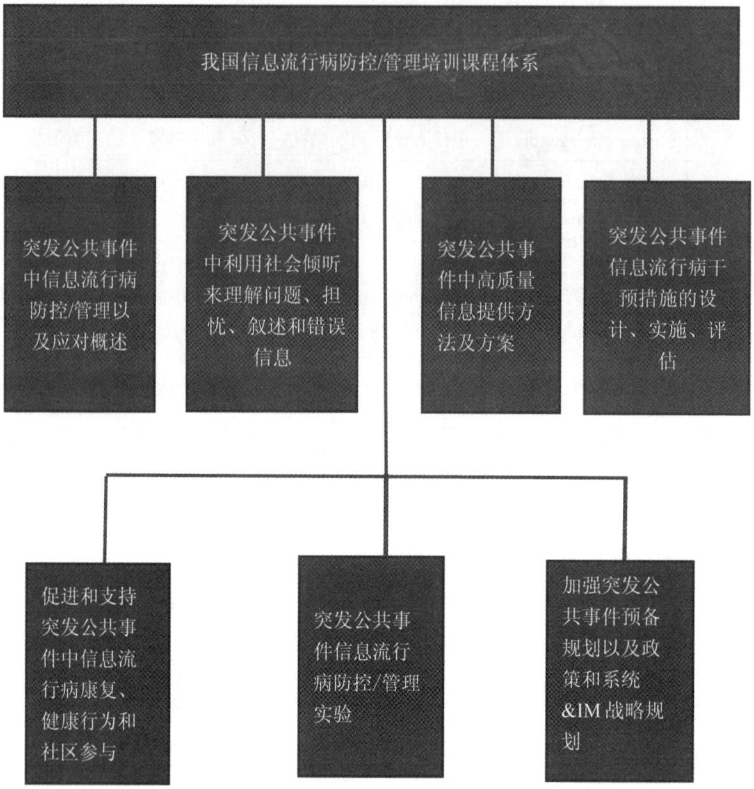

图 4-5 当前我国亟待构建的信息流行病防治/管理培训课程体系

由图 4-5 可知，当前我国亟待建立的信息流行病防治/管理培训课程体系构成如下。

突发公共事件中信息流行病防治/管理以及应对概述，包含理论与实务。

突发公共事件中利用社会倾听来理解问题、担忧、叙述和错误信息，包含倾听与叙述方法及技能。

突发公共事件中高质量信息提供方法及方案。

突发公共事件信息流行病干预措施的设计、实施、评估。

促进和支持突发公共事件中信息流行病康复、健康行为和社区参与。

突发公共事件信息流行病防治/管理实验，主要是典型软件及系统平台使用。

加强突发公共事件预备规划以及政策和系统&IM 战略规划。

第三节　信息流行病防治中的公共卫生研究议程

第一次世界卫生组织信息流行病学会议,于2020年6至7月举行,会议制定了公共卫生研究议程,研究议程按信息流行病epi曲线的五个工作流程(见图4-6)设置,共设有研究问题50个。该研究议程旨在:①测量和监测突发卫生事件期间信息流行病的影响。②检测和理解信息流行病和影响。③应对和部署干预措施,防止信息传播并减轻其有害影响。④评估信息流行病干预措施,加强个人和社区对信息流行病的抵御能力。⑤促进信息流行病管理工具的开发、调整和应用。这份研究议程,是WHO对全球信息流行病管理研究议题设置的指引,对我国各界开展信息流行病管理中的公共卫生问题研究,从而提升信息流行病应对能力,也具有借鉴及指导意义。

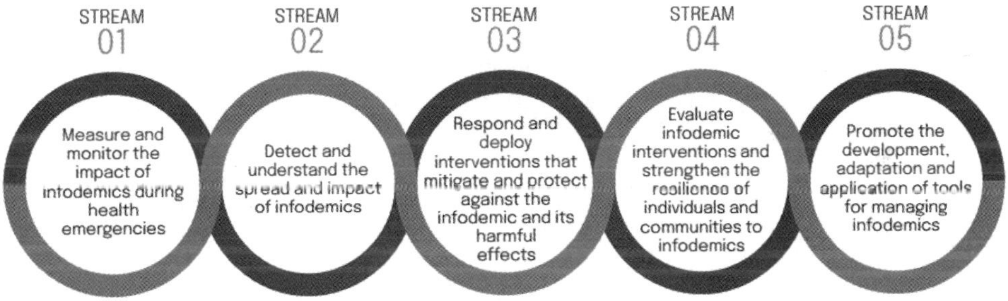

图4-6　基于信息流行病epi曲线的五个工作流程设置简图

一、基于工作流程一

从图4-6可知,基于信息流行病epi曲线的第一个工作流程是测量和监测突发卫生事件期间信息流行病的影响。在此工作流程中,信息流行病管理中的公共卫生研究议程共有12个,具体见表4-4。这些研究议程,同样是我国信息流行病管理中亟待开展的研究问题。特别是,我国对这几个问题需要重点关注。①有什么方法,根据潜在危害(对人们的健康、不健康行为、社会凝聚力、对医疗服务提供的不信任、对政府的不信任、对社区的不信任和对媒体的不信任等)对健康错误信息进行评分。②在疾病暴发阶段,信息流行病曲线及扩散和影响的衡量如何随着时间的推移而变化。③衡量信任、韧性、行为变化、接触错误信息、易受错误信息影响、社会凝聚力、社区参与深度等的潜在指标或替代指标是什么。

表 4-4 基于信息流行病 epi 曲线的第一个工作流程的研究议程

序号	研究议题
第 1 个工作流程	Measure and monitor the impact of infodemics during health emergencies(测量和监测突发卫生事件期间信息流行病的影响) 需要标准化的指标和工具来跟踪数字-物理信息环境中个人、社区、社会和卫生系统之间的信息流行病的演变,使用多学科方法,包括人工智能、自然语言处理,以及使用结构化和非结构化数据(大数据、民族志类数据,及类似数据)。此工作流程中共有 12 个研究问题。
1.1	Standardize taxonomies and classifications(标准化分类)
(1)	What are the classes of health-related misinformation and is information that can be used for standardized research analysis(可用于标准化研究分析的与健康相关的错误信息和虚假信息有哪些类别)
(2)	What reference datasets and algorithms are needed to establish standardized measures of an infodemic(信息流行病的标准化度量需要什么样的参考数据集和算法)
(3)	How can we compare infodemics and the way they manifest in different countries to detect and understand patterns(信息流行病如何比较,以及不同国家检测及理解模式的显示方式)
1.2	Develop new metrics to measure and quantify infodemics(制定新的指标来衡量和量化信息流行病)
(1)	What are the ways to score health-related misinformation in regards to its potential for harm (to people's health, unhealthy behaviours, social cohesion, mistrust in health service delivery, mistrust in government, mistrust in communities, mistrust in the media, etc.)(有什么方法,根据潜在危害(对人们的健康、不健康行为、社会凝聚力、对医疗服务提供的不信任、对政府的不信任、对社区的不信任和对媒体的不信任等)对健康错误信息进行评分
(2)	What social network analysis principles are most relevant to generating rapid insights for use in routine and acute emergencies to inform the public health response(哪些社交网络分析原则有助于快速生成常规和紧急突发事件对策,以形成公共卫生响应)
(3)	What attributes contribute to high self-efficacy in individuals to identify and address misinformation effectively(哪些特质有助于提高个人的自我效能感,从而有效识别和解决错误信息)
(4)	What methods from computational science, digital analytics and other fields are applicable to infodemic monitoring(计算科学、数字分析和其他领域的哪些方法,适用于信息流行病监测)
1.3	Analyse and triangulate data from multiple sources(多元数据的分析及三角测量)

续表

序号	研究议题
(1)	How are the epidemic curve and infodemic impacts related(流行病曲线与信息流行病影响是如何相关的)
(2)	How do the infodemic curve and measures of spread and impact change over time during the phases of a disease outbreak(在疾病暴发阶段,信息流行病曲线及扩散和影响的衡量如何随着时间的推移而变化)
(3)	What standards, methods and approaches can be used to co-analyse different data types from disparate data sources related to use in infodemic management(可以使用哪些标准、方式和方法来共同分析不同类型的数据,这些数据来自应用于信息流行病管理中的不同数据源)
1.4	Improve evaluation approaches for infodemic interventions(改进信息流行病的评估方法)
(1)	What are the potential indicators or their proxies for measuring trust, resilience, behaviour change, exposure to misinformation, susceptibility to misinformation, social cohesion, depth of community engagement, and similar(衡量信任、韧性、行为变化、接触错误信息、易受错误信息影响、社会凝聚力、社区参与深度等的潜在指标或替代指标是什么)
(2)	What role does participatory evaluation play in infodemic intervention implementation(参与式评估在信息流行病干预实施中发挥什么作用)

二、基于工作流程二

从图 4-6 可知,基于信息流行病 epi 曲线的第二个工作流程是发现并了解信息传播和影响。在此工作流程中,信息流行病管理中的公共卫生研究议程共有 13 个,具体见表 4-5。这些研究议程,同样是我国信息流行病管理中亟待开展的研究问题。特别是我国对这几个问题需要重点关注。①错误信息是如何在一种信息流行病与另一种信息流行病之间变异、适应或重新混合的?②在封闭网络(在线和离线)中,用于减少错误信息潜在危害的策略是什么?③不同类型的健康错误信息,如何影响在线和离线行为?有哪些措施可以帮助预测健康错误信息类型对行为的影响?

表 4-5　基于信息流行病 epi 曲线的第二个工作流程的研究议程

序号	研究议题
第 2 个工作流程	Detect and understand the spread and impact of infodemics(发现并了解信息传播和影响) 需要一种共同的方法来了解过载信息和错误信息是如何扩散的,以及它如何影响不同人群的在线和离线行为。此工作流程中共有 13 个研究问题。

续表

序号	研究议题
2.1	Understand how information originates, evolves and spreads on different platforms and channels(了解信息在不同平台和渠道上是如何产生、演变和传播的)
(1)	What are the attributes and drivers within the information environment, communication tools, and platform design that encourage the sharing of misinformation(鼓励分享错误信息的信息环境、通信工具和平台设计的属性和驱动因素是什么)
(2)	How does misinformation mutate, adapt or get remixed between infodemics and within infodemics(错误信息是如何在一种信息流行病与另一种信息流行病之间变异、适应或重新混合的)
(3)	What are the elements for classifying content for its potential for amplification and organic spread online(基于潜在网上放大和有机传播的内容分类要素是什么)
(4)	What are the attributes that promote faster spread of misinformation across platforms/ channels/community boundaries(是什么促使错误信息在平台/渠道/社区范围内更快地传播)
2.2	Assess the role of actors (influencers), platforms and channels(评估参与者(影响者)、平台和渠道的作用)
(1)	What are strategies that could be used on online communication platforms to reduce the spread of misinformation online(在网上交流平台上可以使用哪些策略来减少网上错误信息的传播)
(2)	What are the best practices for engaging with influencers to address misinformation with unique and tailored content that has high potential to be amplified further(与有影响力的人接触,通过独特和量身定制的内容来解决错误信息问题的最佳做法是什么,这些内容很有可能被进一步放大)
(3)	What are the strategies used to reduce misinformation's potential harmfulness in closed networks (online and offline)(在封闭网络(在线和离线)中,用于减少错误信息潜在危害的策略是什么)?
(4)	What role do advocates, fence-sitters, lurkers/observers and opponents of accurate information play in the spread of misinformation(准确信息倡导者、中立者、潜伏者/观察者和反对者分别在错误信息的传播中扮演了什么角色)
(5)	How do analysis and intervention options differ between health disinformation and health misinformation(健康虚假信息和健康不实信息之间的分析和干预选项有何不同)
2.3	Understand how misinformation affects behaviour in different populations(了解错误信息如何影响不同人群的行为)
(1)	How does misinformation spread and affect marginalized, vulnerable and at-risk populations (不实信息如何传播和影响边缘化、弱势及高危人群)
(2)	How can health-related concerns be used or weaponized to target specific groups of people with disinformation and threaten health security and social cohesion(健康相关问题如何被利用或武器化,以利用虚假信息针对特定人群,从而威胁健康安全和社会凝聚力)

续表

序号	研究议题
(3)	How do different types of health misinformation affect online and offline behaviour and what are some of the measures that can help to forecast the impact of health misinformation types on behaviour(不同类型的健康错误信息,如何影响在线和离线行为,有哪些措施可以帮助预测健康错误信息类型对行为的影响)
2.4	Develop regulatory and ethical principles to mitigate the spread and propagation of harmful health information(制定监管及伦理的原则,以减少有害健康信息的扩散与传播)
(1)	What policies or policy tools are available to health authorities that balance the need between propagating accurate information, curbing misinformation, and ensuring human rights of access to information(卫生当局可以使用哪些政策或政策工具来平衡传播准确信息的需求,遏制错误信息,确保人们获取信息的权力)

三、基于工作流程三

从图 4-6 可知,基于信息流行病 epi 曲线的第三个工作流程是应对和部署干预措施,防止信息流行病扩散并减轻其有害影响。在此工作流程中,信息流行病管理中的公共卫生研究议程共有 6 个,具体见表 4-6。这些研究议程,同样是我国信息流行病管理中亟待开展的研究问题。特别是,我国对这几个问题需要重点关注。①可以为信息流行病战略制定提供支持的行为或过程模型有哪些?如何衡量信息流行病在个人、社区、平台或社会层面的影响?②在社会/社区/个人/卫生系统层面,有哪些有希望的干预措施来解决和缓解健康错误信息?③哪些类型的参与方式或以人为中心的设计方法,可用于制订更具针对性和更有效的信息管理干预措施。

表 4-6 基于信息流行病 epi 曲线的第 1 个工作流程的研究议程

序号	研究议题
第 3 个工作流程	Respond and deploy interventions that protect against the infodemic and mitigate its harmful effects(应对和部署干预措施,防止信息流行病扩散并减轻其有害影响) 需要一个证据库来确定在不同背景、人群、文化和不同类型的突发卫生事件中有效的干预措施。此工作流程中,共有 6 个研究问题。
3.1	Design a behavioural change model applicable to infodemic management(设计适用于信息流行病管理的行为变化模型)

续表

序号	研究议题
(1)	What behavioural or process models can inform the development of an infodemic strategy and measure its impact at individual, community, platform or society level(可以为信息流行病战略制定提供支持的行为或过程模型有哪些?如何衡量信息流行病在个人、社区、平台或社会层面的影响)
3.2	Intervention design for different levels of action to mitigate the infodemics(针对不同层面的行动的干预设计,以缓解信息流行病传播)
(1)	What are promising interventions at the societal/community/individual/health systems level to address and mitigate health misinformation(在社会/社区/个人/卫生系统层面,有哪些有希望的干预措施来解决和缓解健康错误信息)
(2)	What types of participatory or human-centred design approaches can be used to produce more tailored and more effective infodemic management interventions(哪些类型的参与式或以人为中心的设计方法,可用于制定更具针对性和更有效的信息管理干预措施)
(3)	What types of infodemic management interventions are most appropriate to deploy rapidly in acute health events or emergencies(哪些类型的信息流行病管理干预措施最适合在突发卫生事件或紧急情况下快速部署)
(4)	What are the attributes of interventions that are effective across different contexts, populations, cultures, and for different types of acute health events(不同背景、人群、文化和不同类型的突发卫生事件中有效干预措施的特点是什么)
(5)	What are the considerations for designing infodemic management interventions when balancing promoting access to accurate health information and protecting freedom of expression(在促进获得准确的健康信息和保护言论自由之间取得平衡时,设计信息流行病管理干预措施的考虑因素是什么)

四、基于工作流程四

从图 4-6 可知,基于信息流行病 epi 曲线的第三个工作流程是评估信息传播干预措施,加强个人和社区对信息传播的抵御能力。在此工作流程中,信息流行病管理中的公共卫生研究议程共有 10 个,具体见表 4-7。这些研究议程,同样是我国信息流行病管理中亟待开展的研究问题。特别是,我国对这几个问题需要重点关注。①我们如何定义和衡量社区参与梯度,以及个人和社区层面的信任和赋权,因为它们与信息流行病管理和减少健康错误信息的危害有关?②在个人和社区层面制定干预措施时,需要考虑哪些社会行为和心理探试法?③要以更低的边际成本最大限度地发挥对信息流行病的影响,社会不同类型的行动者应使用的“最佳购买干预措施”有哪些?

表 4-7 基于信息流行病 epi 曲线的第四个工作流程的研究议程

序号	研究议题
第 4 工作流程	Evaluate infodemic interventions and strengthen the resilience of individuals and communities to infodemics(评估信息传播干预措施,加强个人和社区对信息传播的抵御能力) 需要共同的评估框架来改进干预措施和信息流行病应对方案。此工作流程共有研究问题 10 个
4.1	Development of interventions that address individual, community, cultural and societal factors affecting trust and resilience to misinformation(制定干预措施,解决影响信任和抵御错误信息的个人、社区、文化和社会问题)
(1)	How might we define and measure resilience to misinformation at individual and community level(我们如何在个人和社区层面定义和衡量错误信息抵御能力)
(2)	How might we define and measure the gradient of community engagement, trust and empowerment at individual and community level as they relate to infodemic management and reduction of harm from health misinformation(我们如何定义和衡量社区参与梯度,以及个人和社区层面的信任和赋权,因为它们与信息流行病管理和减少健康错误信息的危害有关)
(3)	What are the socio-behavioural and mental heuristics that need to be considered when developing an intervention at individual and community level(在个人和社区层面制定干预措施时,需要考虑哪些社会行为和心理探试法)
(4)	What role does social inoculation play in developing resilience to misinformation in the context of an infodemic(在信息流行病的背景下,社会免疫在培养错误信息抵御能力方面发挥了什么作用)
(5)	What principles from social marketing can be leveraged to build demand for accurate health information at individual and community level(可以利用社会营销的哪些原则在个人和社区层面建立准确健康信息需求)
4.2	Understand and learn from how misinformation has affected behaviour in different populations and contexts for specific infodemics (理解并学习错误信息如何影响不同人群和特定信息流行病背景下的行为)
(1)	What are the lessons learned from infectious diseases such as Ebola, Zika, and polio on how to effectively combat misinformation at community level that also apply to COVID-19(从埃博拉、寨卡和脊髓灰质炎等传染病中吸取的教训是什么?如何在社区一级有效打击同样适用于 COVID-19 的错误信息)
(2)	What are the lessons learned on information environments and misinformation spread related to noncommunicable diseases and risk factors such as cancer and smoking(在与非传染性疾病和风险因素(如癌症和吸烟)相关的信息环境和错误信息传播方面,吸取了哪些教训)

续表

序号	研究议题
4.3	Identify factors associated with successful infodemic management by health authorities, the media, civil society, the private sector and other stakeholders(确定与卫生当局、媒体、民间社会、私营部门和其他利益相关者成功进行信息流行病管理的相关因素)
(1)	What are the roles, responsibilities, and possible spheres of influence on the infodemic by different types of actors in society(社会中不同类型的行动者在信息流行病中的作用、责任和可能的影响范围是什么)
(2)	What are the "best-buy interventions" to be used by different types of actors in society, to maximize the impact on the infodemic at lower marginal cost(要以更低的边际成本最大限度地发挥对信息流行病的影响,社会不同类型的行动者应使用的"最佳购买干预措施"有哪些)
(3)	What are the factors of success for collaboration between health authorities and fact checking organizations/media, civil society, and the private sector? (卫生当局与事实核查组织/媒体、民间社会和私营部门之间合作的成功因素是什么)

五、基于工作流程五

从图 4-6 可知,基于信息流行病 epi 曲线的第三个工作流程是促进信息流行病管理工具的开发、调整和应用。在此工作流程中,信息流行病管理中的公共卫生研究议程共有 8 个,具体见表 4-8。这些研究议程,同样是我国信息流行病管理中亟待开展的研究问题。特别是,我国对这几个问题需要重点关注。①设计、实施研究和信息管理干预措施期间,我们评估风险、危害和机遇时,应考虑哪些因素?②新的 COVID-19 健康干预中信息流行病因对准备就绪状态评估是什么样?③可以提出哪些建议来更新《国际卫生条例》,以更有力地将信息流行病管理纳入会员国的核心能力。

表 4-8 基于信息流行病 epi 曲线的第 1 个工作流程的研究议程

序号	研究议题
第 5 工作流程	Promote the development, adaptation and application of tools for managing infodemics(促进信息流行病管理工具的开发、调整和应用。 在不同背景、国家和信息流行病之间,有必要加强经验教训及基于证据的干预措施的交流。此工作流程共有研究问题 8 个
5.1	Using implementation research evidence in programme improvement and policy development (在程序改进和政策制定中使用实施研究证据)

续表

序号	研究议题
(1)	What considerations should be included in the assessment of risk, harms and opportunities during the design and implementation of research and infodemic management interventions(设计、实施研究和信息管理干预措施期间,我们评估风险、危害和机遇时应考虑哪些因素)
(2)	How can we ensure that infodemic management research and interventions are not misused for non-public health purposes(我们如何确保信息流行病管理研究和干预措施不会被滥用于非公共卫生目的)
(3)	How can we ensure that infodemic management research and interventions do not cause unintended harm or are misused to purposefully cause harm(我们如何确保信息流行病管理研究和干预措施不会造成意外伤害或被滥用造成故意伤害)
5.2	Promote evidence-based interventions and approaches between countries(促进国家之间基于证据的干预措施和方法)
(1)	What would a readiness assessment look like for infodemic preparedness for a new COVID-19 health intervention(诸如新的 COVID-19 健康干预中信息流行病因对准备就绪状态评估是什么样)
(2)	What types of infodemic management interventions are more transferrable across countries, populations and health events(哪些类型的信息流行病管理干预措施更容易在不同国家、人口和健康事件之间交流采用)
5.3	Improve response times and the effectiveness of responses to infodemics during acute health events(改进严重卫生事件期间信息流行病的响应时间和响应效果)
(1)	What standardized capacities should health authorities have to address an infodemic concurrent with a disease outbreak(卫生当局应具备哪些标准化能力来应对与疾病暴发同时发生的信息流行病)
(2)	What would a severity grading look like for rating infodemic threats and potential appropriate response options(评估信息流行病威胁严重程度以及潜在的适当响应选项)
(3)	What recommendations can be made to update the International Health Regulations to incorporate infodemic management more strongly as a core capacity in Member States(可以提出哪些建议来更新《国际卫生条例》,以更有力地将信息流行病管理纳入会员国的核心能力)

第四节　信息流行病心理危机干预

在现代信息环境下,突发公共事件中的信息流行病,像病毒一样裂变和快速传播,造成信息过载,继而引发公众心理应激反应,出现“信息焦虑并发症”“信息疲劳综合征”“传播焦虑与恐慌”等症状,危及人们的生命健康与社会稳定。

因此,了解信息流行病症状并进行心理危机干预是信息流行病防治/管理的重要内容。

一、信息流行病心理危机干预原则及内容

为预防和减轻信息流行病造成的身心伤害,促进社会稳定,可参照《新型冠状病毒感染的肺炎疫情紧急心理危机干预指导原则》,按照信息"消毒"、疫情应对、健康宣教的防治策略,以预防为主,分类干预,精准服务为原则,积极开展信息流行病的防治工作。以生命周期理论看待信息流行病防治,潜伏期以预防宣教为主;蔓延期、暴发期以干预、治疗为主;消退期以评估、素养提升为主。在政府有关部门的统一协调下,组建心理救援专家组、医疗队、心理援助热线队伍,利用各种心理危机干预热线、健康网络平台以及新媒体手段,向公众提供心理健康宣传教育,提供网络问诊和心理援助服务。

与信息流行病防治相关的内容,见表 4-9。

表 4-9 信息流行病症状及心理危机干预一览表

病症描述	担忧、焦虑、紧张、恐慌、惧怕、暴躁、愤怒、抱怨、震惊、悲伤、沮丧、抑郁、 悲观、绝望、委屈、痛苦、孤独无助、消极无望、悲观厌世	
预防措施	加强健康宣教与培训、提升媒介素养与信息素养、强化信息疫苗工作	
干预方法	自助	自我监测与疏导
	他助	基于行动系统的心理干预、认知行为疗法、阅读疗法、音乐疗法、药物治疗、中医外治法
服务提供	精神科医生、临床心理工作人员、心理健康工作人员、社会组织、媒体、线上咨询平台	

二、信息流行病心理危机干预措施

1. 提升科学、健康、信息、媒介素养

强化公众科学素养、健康素养、信息素养、媒介素养教育与培训,培养公众对虚假失真的健康信息的判断力与认知抵抗力,增加抗体,提高对信息流行病病毒的免疫力。

2. 强化信息流行病免疫工作

提供正确健康信息和权威健康信息网络平台,做好预先警告与预先揭露虚

假信息的心理预防工作,做到信息透明、公开、及时,智能过滤,精准投递;重视事实核查与真相揭露,及时纠正虚假错误健康信息,从源头采取措施,使公众免受信息病毒的影响。

三、信息流行病的自我监测与疏导

监测和识别自己的心理状况,进行评估后有针对性地采取自助心理疏导。根据《心理健康状况自助监测表(患者版)》,找到能监测到的具体反应。表中未涉及的反应,可以自行添加。评估后,采取适合自己的应对方法。

首先要正确面对疫情信息,矫正不良认知,有选择地接受主流渠道的权威信息;不道听途说,不信谣传谣,避免因虚假、不实、片面、矛盾、过量、情绪化的疫情信息引起负面情绪、应激障碍,影响心理健康。

二要适度运动,宣泄情绪,放松心情。可进行走步、打太极拳或八段锦、深呼吸、正念冥想、读书、听音乐、画画、倾诉、哭泣等活动,以减弱焦虑、恐惧等不良情绪,缓解心理压力。

三要学会接纳自己和他人的负性情绪,保持人际沟通联系,加强人际联结行动。比如,跟亲朋好友保持联系与互动,分享积极信息,互相给予支持,从而获得归属感与价值感,舒缓心情,增进积极情绪。

四、信息流行病的心理干预

心理干预是对处于心理危机状态的个体及时采取各种危机干预技术以稳定其心理状态、尽快恢复身心平衡和阻止严重精神障碍,避免极端行为发生。当自助应对方法改善和缓解不了负面情绪时,应尽快向专业精神科医生或心理治疗师寻求心理干预帮助,也可通过心理援助热线进行咨询,采取阅读疗法、音乐疗法、中医外治等辅助心理治疗手段。如果经过专业心理评估需要转诊者,应及时进行精神科干预,必要时进行精神科药物治疗、经颅直流电刺激治疗。

1. 基于行动系统的心理干预方法

吴薇莉、杨渝川(2020)[①] 提出,在应激心理干预中,首先要关注应激行动系

① 吴薇莉,杨渝川. 从行动系统视角探讨新冠肺炎疫情下的心理干预方法[J]. 西华大学学报(哲学社会科学版), 2020,39(2):1-7.

统的心理行为调节，降低个体应激反应后，才能有效启动个体的自愈系统，让个体的自我照料和康复功能得以运行，然后逐步恢复日常生活行动系统。如建立社会联结，寻找社会资源，启动应激中的社会参与系统；采用呼吸练习、放松练习、着陆练习 、蝴蝶拍技术等方法，扩大个体对压力的耐受窗口，从而降低交感神经系统的过度兴奋，降低应激中的高唤起反应；可以采用着陆技术、正念觉察来建立与自己内在感受的联结，鼓励个体通过运动、做事等来提高其活动性，提升应激中的低唤起反应；同时，将心理干预的落脚点，放在日常生活行动系统的修复上。照顾好个体的睡眠、饮食、起居、运动，让生活各方面运行恢复正常；将正性信息和负性信息分门别类储存，定时查看手机信息或新闻信息，不要让自己无限淹没于庞杂的信息中而耗竭心理能量；保持对事物全面合理、客观的探寻，增强安全感、掌控感、希望感、自我效能感以及人际联结感。

2. 阅读疗法

阅读疗法是指运用医学、心理学等原理，以文献为媒介，通过有选择的读物和指导性阅读，来寻求心理问题的答案和解决的方法，以此排除读者的心理困扰与障碍，改善情绪，调整其心理状态和行为方式，从而起到辅助治疗的作用的心理疗法。主要有现场阅读疗法、个案阅读疗法、观察法、问卷 调查法、心理测量法、团体阅读疗法和网络阅读疗法等。其中，个案阅读治疗与团体阅读治疗相结合、现场阅读治疗与网络阅读治疗的结合，可以相互促进、优势互补，提高阅读治疗的效果。

3. 音乐疗法

音乐疗法是以心理治疗理论作为学科基础，整合了包括心理学、生理学、物理学、医学以及音等学科在内的新兴交叉性学科，引导患者亲自参与到不同的音乐行为中；利用音乐特有的物理效应、生理效应和心理效应，配合相应治疗手段，让患者感受并体验音乐，从而减轻或消除心理问题，以达到促进公众身心健康的目的。目前，音乐治疗的方式，主要有感受式音乐疗法、参与式音乐疗法、综合性音乐疗法等。

4. 中医外治法

中医外治法是独具中国特色的传统疗法，在应对 COVID-19 疫情临床应用中发挥了很大作用。主要有穴位按摩、耳穴贴压、五行音乐疗法、中医气功、中药足浴、芳香疗法、随身灸等多种方法。文献记载及实证研究表明,太极拳、五禽戏、易筋经、八段锦、太极拳等传统健身项目,能不同程度改善人体负性情绪。坚持锻炼,对忧虑、焦躁、愤怒、激动、抑郁、敌视、偏执等不良情绪起到明显改善作用。芳香类药物具有改善焦虑抑郁情绪、调节人体情志活动的功效。可根据需要,多种方法组合使用,效果更好。

5. 认知行为疗法

认知行为疗法是通过改变个人的思维、信念、行为的方法来改变不良认知,达到消除不良情绪和行为一种心理治疗方法。代表性的埃利斯的合理情绪行为疗法(REBT)、贝克和雷米的认知疗法(CT)、梅肯鲍姆的认知行为矫正术等。采用认知行为疗法进行团体辅导干预,能有效地帮助患者缓解其心理问题,帮助其减轻症状。

研究证明,以上方法的综合使用,可以缓解人们的心理压力,提高心理免疫力,满足公众心理疗愈的需要;预防、减缓乃至控制信息流行病的蔓延与扩散,增强人们战胜信息疫情、信息流行病的信心。

第五章 对信息流行病的治理研究

在现代网络及数字信息环境下,信息流行病治理是突发公共事件中各利益相关者平等参与、协同共治信息流行病。本书重点从数据及利益相关者视角,对其进行研究。

第一节 信息流行病治理概念

一、治理

治理,英文原意为控制、引导和操纵,汉语原意为统治、管理、处理、修正。1989 年世界银行首次使用“治理危机”一词,赋予治理新含义。1992 年,世界银行提出,治理就是为了发展而在一个国家的经济与社会资源管理中运用权力的方式。

Rosenau J N(1992)① 将治理定义为“一系列活动领域里的管理机制,它们虽未得到正式授权,却能有效发挥作用。”

根据联合国全球治理委员会(1995)对治理下的定义,为“个人和公共或私人机构管理其公共事务的诸多方式的综合。它是使相互冲突的或不同的利益得以调和,并采取联合行动的持续的过程。”

Rhodes R(1996)认为,“治理至少有 6 种不同的用法”②。作为最低限度国家的治理,作为公司的治理,作为新公共管理的治理,作为善治的治理,作为社会控制体系的治理,作为自组织网络的治理。

---

① 詹姆斯·N. 罗瑙. 没有政府的治理:世界政治中的秩序与变革[M]. 张胜军,刘小林,等,译. 江西:江西人民出版社,2001.

② RHODES R.The new governance: Governing without government? [J].Political sciences, 1996, 44(4):652-667, 653.

Gerry Stoker(1989)将治理理论概括为五种观点[①]。①治理意味着一系列来自政府但又不限于政府的社会公共机构和行为者。②治理意味着在为社会和经济问题寻求解决方案的过程中,存在着界限和责任方面的模糊性。③治理明确肯定了在涉及集体行为的各个社会公共机构之间存在着权力依赖。④治理意味着参与者最终将形成一个自主的网络。⑤治理意味着办好事情的能力并不仅限于政府的权力、不限于政府的发号施令或运用权威。

韩兆柱(2016)认为,无论何种治理理论,都具备这几个特征[②]。①治理目标追求善治。②主体多元且地位平等。③环境是高度复杂化、高度不确定的。④治理结构网络化。⑤治理机制是靠制度安排。⑥治理过程是上下互动。⑦治理方式是互动性的协商合作。⑧治理工具多样化,包括数字化技术、市场化工具、工商管理技术和社会化手段。

高富平,尹腊梅(2022)[③]汇总国外部分定义后认为:治理是"众多参与者导致集体约束性决定的程序"。

二、信息流行病治理

参照上述治理的定义,本书将信息流行病治理(Infodemic Governance, IG)定义为:个人和公共或私人机构管理信息流行病的诸多方式的综合,是使相互冲突的或不同的利益得以调和,并在管理信息流行病中采取联合行动的持续的过程。

在应对信息流行病中, IG既包括有权迫使人们服从的正式制度和规则,也包括人民和机构同意的或符合其利益的各种非正式的制度安排。它有四个特征: IG不是一整套规则,也不是一种活动,而是一个过程; IG的基础不是控制,而是协调; IG既涉及公共部门,也包括私人部门; IG不是一种正式的制度,而是持续的互动。

---

① GERRY STOKER.Governance as Theory: Five Proposi-tions [J]. International social science journal, 1998, 50(155): 17-28.

② 韩兆柱,翟文康. 西方公共治理前沿理论述评[J]. 甘肃行政学院学报,2016(4):23-39,126-127.

③ 高富平,尹腊梅. 数据上个人信息权益:从保护到治理的范式转变[J]. 浙江社会科学, 2022(1): 58-67, 158.

三、信息流行病治理与信息流行病管理的联系及区别

IG 与信息流行病管理(Infodemic Management, IM)存在联系,主要体现在这几个方面。①从广义的角度而言,信息流行病治理管理 IM 是 IG 的一种延伸。② IG 与 IM 的联结点在于中高层级(或称战略管理层面)。③从终极目的看,IG 与 IM 都是为了实现信息流行病的有效管控。

IG 与 IM,既有联系,更有区别,其显著区别包括这几点。①主体不同。IM 的主体只是政府,而 IG 的主体还包括社会组织乃至个人。②权源不同。政府的信息流行病管理权来自权力机关的授权。而政府的信息流行病治理更多强调的是自治、共治。③运作不同。IM 的运作模式是单向的、强制的、刚性的,因而其行为的合法性常受质疑,其有效性常难保证。而 IG 的运作模式是复合的、合作的、包容的,因而其治理行为的合理性受到更多重视,其有效性大大增加。

第二节 信息流行病数据治理

信息流行病的病原是过载信息(特别是不实信息、虚假信息及恶意信息)。因为数据是信息处理及知识获取的原始材料[①],信息是为发现问题而对数据(原始材料)的精炼重组,所以,在现代数字信息环境下,探索突发公共事件中的信息流行病的治理,实质就是探索信息流行病数据治理。

突发公共事件信息流行病数据治理,是运用“善治”理念[②],构建政府、媒体、民间社会、私营部门和其他利益相关者多方共同参与和良好互动机制,把握时机,在恰当的时间,综合运用多种手段,实现突发公共事件中的信息流行病数据可用、完整、安全。它包括两方面的内容,一是对突发公共事件中关于信息流行病的各种数据进行治理,二是基于各种数据对突发公共事件中的信息流行病进行治理。它的目的是,最大限度地利用数据高效应对突发公共事件中的信息流行病及突发公共事件本身,尽可能保障人民生命财产安全及社会经济稳定发展。

本书参考借鉴国内外相关成果,以 COCID-19 突发公共卫生事件为例,探索我国信息流行病数据治理概念框架构建及应用。

① ACKOFF R L.From data to wisdom[J].Journal of applied systems analysis, 1989,16(1):3-9.

② 魏治勋."善治"视野中的国家治理能力及其现代化[J]. 法学论坛,2014(2):32-45.

一、研究现状

突发公共事件,包括自然灾害、事故灾难、公共卫生事件及社会安全事件四种。突发公共卫生事件信息流行病数据治理是突发公共事件信息流行病数据治理的重要组成部分。系统研究突发公共卫生事件信息流行病数据治理,需要构建相应的数据治理概念框架。截至目前,关于突发公共事件信息流行病数据治理概念框架的直接研究成果,尚未见诸国内外文献报道,但国际数据治理研究所(DGI)数据治理模型、国际数据管理协会(DAMA)的数据治理框架、ISO/IEC38505-1 及 ISO/IEC TR 38505-2 中的数据治理框架、GB34960.5-2018 中的数据治理框架、Rene Abraham(2019)数据战略性企业资产管理跨功能框架、夏义堃(2018, 2020)政府数据治理概念框架以及吕先竞(2020)重大突发公共卫生事件数据治理概念框架等相关成果,可为本书的研究提供借鉴。

1. 国际数据治理研究所(DGI)数据治理模型

国际数据治理研究所(DGI)数据治理模型描述的问题是,数据治理由谁(Who)、为什么(Why)、对什么(What)、以什么方式(How)、在什么时候(When)开展。

2. 国际数据管理协会(DAMA)的数据治理框架

DAMA 将数据治理定义为对数据资产管理行使权力和控制的活动集合[①]。数据治理活动包括计划、监督和执行,其功能指导所有其他数据管理功能的执行。数据治理框架包括功能子框架和环境要素子框架。

3.ISO/IEC38505-1 及 ISO/IEC TR 38505-2 中的数据治理框架

数据治理国际标准分为 ISO/IEC 38505-1《ISO/IEC 38500 在数据治理中的应用》和 ISO/IEC TR 38505-2《ISO/IEC 38505-1 数据治理对数据管理的影响》两个部分[②]。ISO/IEC 38505-1 给出了数据治理原则、模型和数据特征以及治理主体需要采取的行动。ISO/IEC TR 38505-2 帮助组织治理层识别数据治理需求,指导和评估数据战略和数据策略的制定和实施,评估组织数据治理能力和测量体系,监督数据利用的绩效。

---

① DAMA INTERNATIONAL.The DAMA guide to the data management body of knowledge[M].New York: Technics Publications Technics Publications, 2009.

② 李鸣,郝守勤,何震. 数据治理国际标准研究[J]. 信息技术与标准化,2017(C1):48-52

4.GB34960.5—2018 中的数据治理框架

GB/T34960.5—2018《信息技术服务治理第 5 部分:数据治理规范》[①],由国家市场监督管理总局和国家标准化管理委员会于 2018 年 6 月 7 日发布, 2019 年 1 月 1 日实施。根据该标准,数据治理框架包含顶层设计、数据治理环境、数据治理域、数据治理过程四部分。

5. 数据战略性企业资产管理跨功能框架

Rene Abraham 等(2019)[②] 将数据治理定义成一个把数据作为战略性企业资产进行管理的跨功能框架。该框架由机制(Mechanisms)、组织(Organizational)、数据(Data)、领域(Domain)、前因(Antecedents)、后果(Consequences)六个部分组成。

6. 政府数据治理概念框架

夏义堃(2018, 2020)提出政府数据治理的概念框架 [③④],指出公共部门数据治理体系结构涉及领导与愿景、执行能力、管理规范、数据架构、执行基础设施与数据价值周期等结构要素。

7. 重大突发公共卫生事件数据治理概念框架

吕先竞(2022)构建针对重大突发公共卫生事件的"5WHR"数据治理概念框架 [⑤]。该框架由组织机构(Who)、数据(What)、域(Where)、机制(How)、影响因素(Why)、时间(When)及结果(Results)七个部分组成。

二、概念框架构建

本书参考上述国内外数据治理模型及概念框架,在吕先竞(2022)"5WHR"数据治理概念框架基础上,以 COCID-19 信息流行病为例,构建形成了突发公共事

① 国家市场监督管理总局,国家标准化管理委员会. 信息技术服务 治理 第 5 部分:数据治理规范: GB/T34960.5-2018 [S]. 2018-6-7.

② ABRAHAM R, SCHNEIDER J, BROCKE J. Data governance: A conceptual framework, structured review, and research agenda[J].International journal of information management, 2019(10):424-438.

③ 夏义堃. 试论数据开放环境下的政府数据治理:概念框架与主要问题[J]. 图书情报知识, 2018(1): 95-104.

④ 夏义堃. 政府数据治理的维度解析与路径优化[J]. 电子政务, 2020(7):46-52.

⑤ 吕先竞. "5WHR"数据治理概念框架及其应用:针对重大突发公共卫生事件[J]. 西华大学学报(哲学社会科学版), 2020(3):54-65.

件信息流行病数据治理概念框架,如图 5-1 所示。

图 5-1 显示,突发公共事件信息流行病数据治理概念框架,由七部分组成:①信息流行病数据治理涉及的组织机构(Who);②信息流行病数据治理涉及的数据(What);③信息流行病数据治理领域(Where);④信息流行病数据治理机制(How);⑤信息流行病数据治理影响因素(Why);⑥信息流行病数据治理时间(When);⑦信息流行病数据治理结果(Results)。

(一)信息流行病数据治理涉及的组织机构(Who)

对突发公共卫生事件中的信息流行病数据进行治理,可分为 8 个层面:国际层面、国际区域层面、国家层面、省(自治区、直辖市)层面、地(市)层面、区(县)层面、街道及乡镇层面、社区及村社层面。

在国际层面,WHO 是突发公共卫生事件信息流行病全球数据治理的倡导者及组织者。在 COVID-19 疫情暴发后, WHO 强调,在 COVID-19 疫情中,我们不仅要抗击 COVID-19 病毒,还要抗击信息流行病。先后制定了信息流行病管理框架、信息流行病管理能力框架、信息流行病管理中的公共卫生研究议程等指导文件,发布了识破涉疫谣言步骤等技术指南,汇集与更新信息流行病管理政策行动建议政策文件,开展信息流行病管理中的培训等活动。世界卫生组织的官方网站上,还开设有专门的“流行病信息网络信息流行病管理专栏(https://www.who.int/teams/epi-win/infodemic-management)”。

在国际区域层面。诸如泛美卫生组织(Pan American Health Organization, PAHO)(https://www.paho.org/en)、亚太地区职业安全卫生组织(APOSHO),亚洲卫生专业组织(Asian Health Professions Organization , AHPO)等,在突发公共卫生事件信息流行病泛美区域数据治理中,发挥着倡导及组织作用。

在我国国家层面。从应对 COVID-19 流行病的情况分析,国务院负责组建的联防联控机制发挥着重要作用。该机制由中央政府各相关部门(机构)共同组成,由国家卫生健康委员会牵头。由此可见,在党中央领导下,国务院联防联控机制在信息流行病数据治理中发挥协同指导及领导作用。

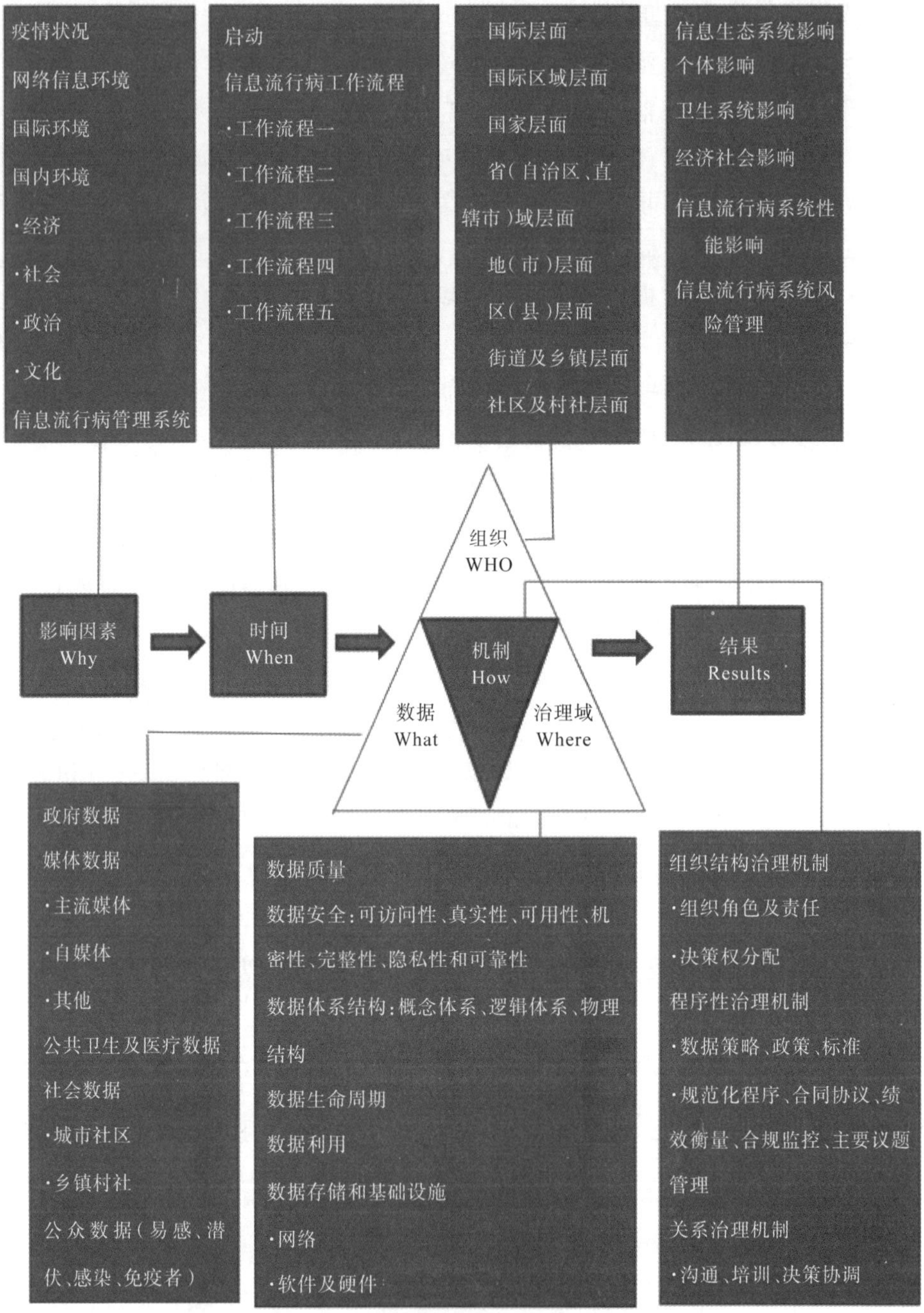

图 5-1 突发公共卫生事件信息流行病数据治理概念框架

在我国省（自治区、直辖市）层面。从应对COVID-19流行病的情况分析，由省（自治区、直辖市）委宣传部门/省政府新闻出版部门，省（自治区、直辖市）政府卫生、应急、信息通信及安全、出入境检验检疫、食品药品监督、交通、工业、农业、旅游、服务等部门共同成立的疫情风险沟通领导小组，在所在省（自治区、直辖市）域信息流行病数据治理中发挥协同指导及领导作用，通常省（自治区、直辖市）委宣传部门/省（自治区、直辖市）政府新闻出版部门为组长单位。为提高风险沟通效率，与省（自治区、直辖市）领导小组同时成立的还有疫情风险沟通专家咨询小组，专家咨询小组组长为（自治区、直辖市）宣传部门或卫生部门负责人，副组长为风险沟通权威专家，成员由健康教育专家、传媒专家、心理专家、公共卫生专家、临床专家、法律专家等专家组成。

在我国地（市）层面。从应对COVID-19流行病的情况分析，由地（市）委宣传部门/地（市）政府新闻出版部门，地（市）政府卫生、应急、信息通信及安全、出入境检验检疫、食品药品监督、交通、工业、农业、旅游、服务等部门共同成立的疫情风险沟通领导小组，在所在地（市）域信息流行病数据治理中发挥协同指导及领导作用，通常地（市）委宣传部门/地（市）政府新闻部门为组长单位。为提高风险沟通效率，与地（市）领导小组同时成立的还有地（市）疫情风险沟通专家咨询小组，专家咨询小组组长为地（市）宣传部门或卫生部门负责人，副组长为风险沟通权威专家，成员由健康教育专家、传媒专家、心理专家、公共卫生专家、临床专家、法律专家等专家组成。

在我国区（县）层面。从应对COVID-19流行病的情况分析，由区（县）委宣传部门/区（县）政府新闻出版部门，区（县）政府卫生、应急、信息通信及安全、出入境检验检疫、食品药品监督、交通、工业、农业、旅游、服务等部门共同成立的疫情风险沟通领导小组，在所在区（县）域信息流行病数据治理中发挥协同指导及领导作用，通常区（县）委宣传部门/区（县）政府新闻部门为组长单位。为提高风险沟通效率，与区（县）领导小组同时成立的还有区（县）疫情风险沟通专家咨询小组，专家咨询小组组长为区（县）宣传部门或卫生部门负责人，副组长为风险沟通权威专家，成员由健康教育专家、传媒专家、心理专家、公共卫生专家、临床专家、法律专家等专家组成。

在我国农村乡（镇）/城市街道层面。从应对COVID-19流行病的情况分析，由乡镇/街道党委及政府相应部门及辖区医疗卫生机构及相关其他机构成立的疫情风险沟通领导小组，在所在辖区信息流行病数据治理中发挥协同指导及领导作用。

在我国农村村社/城市社区层面。从应对 COVID-19 流行病的情况分析，村社/社区党组织、村/社区负责人、村社医疗站/社区医院公共卫生人员等，直接通过所在村社/社区上传/下达信息流行病数据，与最基层公众进行疫情风险沟通。

（二）信息流行病数据治理涉及的数据（What）

信息流行病数据治理涉及的数据，主要来自政府、媒体、医疗机构、社会（社区及村社）、公众（易感、潜伏、感染、免疫者）等。

来自政府的数据。从应对 COVID-19 流行病的情况分析，我国国家层面、省（自治区、直辖市）层面、地（市）层面、区（县）层面、街道及乡镇层面，在应对 COVID-19 疫情中，既在治理 COVID-19 病毒病中产生及需要大量数据，也在治理 COVID-19 信息流行病中产生及需要大量数据，由此构成信息流行病数据治理中的政府数据体系。

来自媒体的数据。从应对 COVID-19 流行病的情况分析，在 COVID-19 疫情防控期间，媒体（包括主流媒体、自媒体及其他媒体，特别是自媒体）产生了大量的信息数据。这些信息数据，既有真实正确信息数据，也有不实信息数据、虚假信息数据，甚至恶意信息数据。大量的不实信息数据、虚假信息数据，甚至恶意信息数据与正确信息数据混杂在一起，构成了 COVID-19 信息流行病数据的特点，也成为治理重点。

来自公共卫生及医疗机构的数据。从应对 COVID-19 流行病的情况分析，在 COVID-19 疫情防控期间，来自公共卫生及医疗机构的信息数据，对公众应对 COVID-19 流行病具有重要作用。这些数据既有真实正确信息数据，也有不实信息数据，需要科学与即时治理。

来自社会的数据。从应对 COVID-19 流行病的情况分析，在 COVID-19 疫情防控期间，来自社会的数据包括来自城市社区及农村村社的数据，这些数据是来自社会最基础的数据，对应对 COVID-19 疫情及信息流行病具有重要价值。

来自公众的数据。从应对 COVID-19 流行病的情况分析，在 COVID-19 疫情防控期间，来自社会的数据包括来自信息流行病易感、潜伏者、感染者、免疫者的数据。这些数据对把握信息流行病特征、信息流行病了解传播规模、危害程度、干预措施制定等，具有重要作用，是数据治理的重要内容。

来自专家的数据。从应对 COVID-19 流行病的情况分析，在 COVID-19 疫情防控期间，来自公共卫生、临床医学、药学、保健、传媒、心理及法律等领域的专家所发布信息数据，对预防及治疗防治 COVID-19 病毒病及信息流行病都具有引导、稳定的作用。

（三）信息流行病数据治理涉及的域（Where）

信息流行病数据治理的域涵盖数据质量、数据安全、数据体系结构、数据生命周期、数据利用、数据存储和基础设施等内容。

在数据质量方面。体现在两个方面，一是突发公共卫生事件中正确信息数据占整个信息数据量的比例以及能否满足应对突发公共卫生事件的要求，二是突发公共卫生事件中不实信息数据、虚假信息数据、恶意信息数据能否及时收集、组织以用于信息流行病的监测、辨析、防控、干预、评估。提升数据质量，就是要提升正确信息数据占比及以及时处理不实信息数据、虚假信息数据、恶意信息数据。

在数据安全方面。信息流行病数据治理中的数据安全，是指保存有关数据的可访问性、真实性、可用性、机密性、完整性、隐私性和可靠性的安全要求。

在数据架构方面。信息流行病数据治理中的数据架构，包括数据对象定义，以及数据概念模型、数据逻辑模型和数据物理模型的开发。

在数据生命周期方面。根据应急管理生命周期，信息流行病数据生命周期为预警及准备危机阶段——识别危机阶段——隔离危机阶段——管理危机阶段——善后处理危机五个阶段。在信息流行病生命周期中如何定义、收集、创建、使用、维护、归档和删除信息流行病数据，是信息流行病数据治理的重要内容。

在数据利用方面，根据信息流行病管理工作流程，信息流行病数据利用体现在五个方面。一是测量和监测突发卫生事件期间信息流行病的影响，二是检测并了解信息流行病的传播和影响，三是应对和部署干预措施，四是评估信息流行病干预措施，五是促进信息流行病管理工具的开发、调整和应用。围绕信息流行病管理工作流程开展数据治理，就是促进以上五个方面的数据有效利用。

在数据存储和基础设施方面。对突发公共卫生事件信息流行病数据进行治理,必须通盘考察信息流行病数据管理系统的网络环境以及各种硬件和软件要求。如功能、成本、可靠性、复杂性、容量、可扩展性和可维护性。

(四)信息流行病数据治理机制(How)

在信息流行病数据组织结构治理方面。信息流行病数据组织结构治理机制,包括组织角色、责任以及决策权分配。数据组织角色是指不同的信息流行病数据利益相关者,包括数据治理行政负责人、数据治理领导、数据所有者、数据专员、数据治理委员会、数据治理办公室、数据生产者和数据消费者等。上述不同的数据利益相关者,在数据治理中应承担的职责不同。

在信息流行病数据程序性治理方面。突发公共卫生事件信息流行病数据程序性治理机制,包括治理策略、政策、标准、流程、规范化程序、合作协议、绩效衡量、合规监控等,其目的在于确保突发公共卫生事件中信息流行病数据的准确记录、安全保存、有效使用和适当共享。

在信息流行病关系治理方面。突发公共卫生事件信息流行病关系治理机制,包括沟通、培训以及决策的协调,其目的在于促进信息流行病数据利益相关者之间的协作。

(五)信息流行病数据治理影响因素(Why)

影响突发公共卫生事件信息流行病数据治理的因素,包括疫情状况、网络信息环境、国际环境、国内环境以及信息流行病管理系统状况等。

在疫情状况方面。信息流行病与疫情相生相随。从应对COVID-19流行病的情况分析,在COVID-19疫情防控期间,COVID-19疫情愈严重,信息流行病愈流行。因此,信息流行病数据治理的重要影响因素是流行病本身。

在网络信息环境方面。网络信息环境特别是移动互联网及社交媒体,直接影响信息流行病数据治理。从应对COVID-19流行病的情况分析,在COVID-19疫情防控期间,移动互联网及社交媒体加速了信息流行病传播。同时,世界范围内先进的或颠覆性的信息科学技术(如人工智能、大数据、5G、星链网、智能居家、万物互联等),既为信息流行病数据治理带来了新的问题,也为数据治理带来了新的理念及技术手段。

在国际环境方面。从应对COVID-19流行病的情况分析,在COVID-19疫情期间，国际组织及一些有重要影响的区域组织所制定的公约、规范、标准。例如，WHO 2020 年制定的信息流行病管理框架，欧盟 2016 公布 2018 年生效的《通用数据保护条例（GDPR）》等，对信息流行病数据治理具有重要影响。

在国内环境方面。从应对 COVID-19 流行病的情况看，在 COVID-19 疫情防控期间，影响我国数据治理的因素有。①国家卫生健康战略、国家公共卫生以及突发事件应急的法律法规、国家治理体系及能力建设决定、国家数据产业发展战略、数据安全及隐私保护法律法规等。②先进或颠覆性信息技术在国内被普及应用程度，以及我国公众科学素养、健康素养、信息素养、媒介素养。③经济、社会、政治、文化发展情况。

在信息流行病管理系统状况方面。一个特定的信息流行病管理系统。比如，谣言辨析系统、事实核查系统、社交媒体监测系统等。当其内部数据主体、数据类型、数据基础设施及技术手段，特别是数据管理理念、机制、目标以及文化等发生变化时，其信息流行病数据治理的内容将随之发生变化。

（六）信息流行病数据治理时间（When）

明确突发公共卫生事件中信息流行病数据治理时间，就是明确何时启动信息流行病数据治理，以及确定信息流行病各工作流程中数据治理的重点内容。

关于启动。从应对 COVID-19 流行病的情况分析，在 COVID-19 疫情防控期间，无论是我国国家层面，还是地方各级层面的信息流行病数据治理，都是在综合考虑疫情状况、网络信息环境、国际环境、国内经济社会政治文化发展状况、信息流行病管理系统内部运行状况等多重因素影响后，才确定是否及何时启动的。特定突发公共卫生事件中信息流行病的发生，会加速特定组织开展数据治理。

关于信息流行病工作流程。从应对 COVID-19 流行病的情况分析，信息流行病数据治理围绕信息流行病管理 5 个工作流程进行。在工作流程 1 中，信息流行病数据治理围绕信息流行病测量和监测进行。在工作流程 2 中，信息流行病数据治理围绕信息流行病传播的检测及了解进行。在工作流程 3 中，信息流行病数据治理围绕信息流行病干预措施进行。在工作流程 4 中，信息流行病数据治理围绕信息流行病干预措施评估进行。在工作流程 5 中，信息流行病数据治理围绕信息流行病管理工具进行。

（七）信息流行病数据治理结果（Results）

突发公共卫生事件中信息流行病数据治理结果是数据治理的后果或效果，体现在对信息生态系统、个体、卫生系统、经济社会的影响，体现在信息流行病管理系统上，则表现为对信息流行病管理系统性能的影响以及风险管理的影响两个方面。

在性能影响方面。信息流行病系统性能影响，是通过对信息流行病数据进行治理，使信息流行病管理系统的性质和功能得到改善。具体体现在：信息流行病管理系统的数据质量及利用率提高，系统的效益增加、成本降低，在应对突发公共卫生事件中发挥显著作用。

在风险管理方面。信息流行病系统风险管理，是通对信息流行病数据进行治理，使信息流行病管理中的数据采集、存储、发布及利用合规合法，不存在系统风险。

三、概念框架的应用

利用前述信息流行病数据治理概念框架，审视我国信息流行病数据治理现状，并在此基础上提出进一步加强突发公共卫生事件信息流行病数据治理对策。

（一）分析信息流行病数据治理影响因素

精准分析疫情状况、网络信息环境、国际环境、国内环境以及信息流行病管理系统状况等因素，对把握突发公共卫生事件信息流行病数据治理大势，推动突发公共卫生事件信息流行病数据治理现代化，具有重要意义。

（1）加强公众疫情沟通。从信息流行病管理角度分析，信息流行病数据治理的成效，直接体现于能否让公众及时发现并防治疫情防控期间的各种不实信息、虚假信息、恶意信息，保持社会、家庭、个人稳定。能否让公众全面准确了解疫情，并配合政府、公共卫生及医疗机构科学应对疫情。因此，对今后的各种突发事件信息流行病数据治理，要进一步突出公众疫情沟通以及风险防范。

（2）把握现代信息环境。移动互联网及社交媒体，以及人工智能、大数据、5G、星链网、智能居家、万物互联等技术相关，既加剧突发公共卫生事件中信息流行病扩散，又为高效治理信息流行病数据创造了条件。因此，今后我国各种突发事件中的信息流行病数据治理，要密切关注现代信息技术的发展状况及趋势，恰当使用各种数字信息技术，特别是人工智能技术。

（3）密切注视国际环境。WHO 制定的信息流行病管理框架，一些国际组织及一些有重要影响的区域组织所制定的公约、规范、标准（例如，欧盟 GDPR），以及世界不同国家、地区文明的逐渐融合，为世界范围内的信息流行病数据一体化治理创造了条件。因此，对今后的各种突发事件信息流行病数据治理，要具有国际视野，进一步突出国际化。

（4）因应国内环境。一个国家的国家战略及相关法律法规政策，公众科学素养、健康素养、信息素养、媒介素养，以及经济、社会、政治、文化发展情况等，决定该国信息流行病数据治理能否取得成功。因此，对今后我国各种突发事件中的信息流行病数据治理，要进一步完善及落实国家的国家战略及相关法律法规政策，进一步提升公众科学、文化、健康、媒介、信息素养，要通过信息流行病数据治理促进经济社会稳定发展。

（5）促进信息流行病管理系统建设。信息流行病管理系统建设的理念、机制、目标、文化、数据主体、基础设施、技术状况，与信息流行病数据治理能否产生好的效果直接相关。因此，对今后我国各种突发事件中的信息流行病数据治理，要与各类信息流行病管理系统建设紧密结合，要以良好的数据治理促进信息流行病管理系统高效建设。

（二）选择信息流行病数据治理时间

（1）适时启动数据治理。综合考虑影响信息流行病数据治理的各种因素，适时启动信息流行病数据治理，才能获得突发公共卫生事件信息流行病数据治理最佳效果。因此，今后的各种突发事件信息流行病数据治理，要全面考虑疫病疫情状况、网络信息环境、国际环境、国内经济社会政治文化发展状况、信息流行病管理系统内部运行状况等多重因素，选择最恰当的时机，适时开展数据治理。

（2）围绕信息流行病管理工作流程开展数据治理。WHO 将信息流行病管理分为 5 个工作流程。开展信息流行病数据治理，旨在推动 5 个工作流程中的各项工作的高效开展。因此，对今后的各种突发事件信息流行病数据治理，要围绕该 5 个工作流程进行，推动信息流行病测量和监测、信息流行病传播的检测及了解、信息流行病数据治理围绕信息流行病干预措施、信息流行病数据治理围绕信息流行病干预措施评估、信息流行病管理工具等工作顺利开展。

（三）完善信息流行病数据治理的组织机构

从应对COVID-19流行病的情况分析，我国信息流行病数据治理的组织包括国家层面、省（自治区、直辖市）层面、地（市）层面、区（县）层面、街道及乡镇层、社区及村社层面。与诸如WHO、AHPO等国际或国际区域组织的联系由国家层面组织机构负责。完善的组织机构，是高效治理信息流行病的重要保障。因此，对今后我国各种突发事件中的信息流行病数据治理，一是要特别突出国家层面的组织机构建设，并以此示范省（自治区、直辖市）层面、地（市）层面、区（县）层面。二是要特别注意加强街道/乡镇层、社区/村社层面的组织机构建设，因为街道及乡镇层、社区及村社层面的组织机构直接与公众接触。三是加强与WHO、AHPO等国际或国际区域组织的联系。四是加强省（自治区、直辖市）域间、地（市）域间、区（县）域间组织机构协同建设。五是在以上基础上，构建完整的国家信息流行病数据治理组织体系及网络。

（四）强化信息流行病治理中的数据建设

从信息流行病的实质，信息流行病数据是不实信息数据、虚假信息数据、恶意信息数据与正确信息混杂在一起。从内容方面分析，信息流行病数据分为跟疫情和病毒相关的信息数据（涉及如何防治新冠感染、各地防控策略、疫情扩散、疫苗等）及由COVID-19疫情衍生而来有关社会经济发展以及居民生活方面的信息数据。从信息流行病管理工作流程方面分析，信息流行病数据，分为工作流程一中的测量和监测突发卫生事件期间信息流行病影响数据；工作流程二中的检测并了解信息流行病传播和影响数据；工作流程三中应对和部署信息流行病干预措施的数据；工作流程四中的评估信息流行病干预措施结果数据；工作流程五中的信息流行病管理工具开发、调整和应用数据。从突发公共事件应急管理生命周期分析，信息流行病数据分为危机预警及准备阶段数据、识别危机阶段数据、隔离危机阶段数据、管理危机阶段数据、善后处理阶段数据。从信息数据来源分析，信息流行病数据分别来自政府、媒体、医疗机构、社会（社区及村社）、公众（易感、潜伏、感染、免疫者）。及时采集、科学组织、广泛利用突发公共事件信息流行病中的数据，是高效治理信息流行病数据之必须。因此，对今后我国各种突发事件中的信息流行病数据治理，一是要及时采集各类信息流行病数据，包括正确与不正确信息数据，与流行病疫情相关的信息流行病数据及其衍生数据，信息流行病管理各工作流程产生及需要数据,突发公共事件应急管理生命周期各阶段产生及需要数据,以及来自不同利益相关者的数据。二是要对这些数据进行科学组织,实现有序化。三是构建数据平台,为数据采集、序化、元数据加工及组织、用户检索及获取提供保障。四是广泛利用各种信息流行病数据,提升突发公共事件信息流行病管理能力。

(五)解决信息流行病数据治理的重点问题

从应对COVID-19流行病的情况分析,我国突发公共事件信息流行病数据治理中需要解决的重点问题,包括数据质量、数据安全、数据体系结构、数据生命周期、数据利用、数据存储和基础设施等。解决这些重点问题,可为高效治理信息流行病数据提供有力支撑。因此,对今后我国各种突发事件中的信息流行病数据治理,一是解决数据质量问题,包含提升公共卫生事件中正确信息数据占比,及时收集及处埋不实信息数据、虚假信息数据、恶意信息。二是解决数据安全问题,主要是确保有关存储数据的可访问性、真实性、可用性、机密性、完整性、隐私性和可靠性等安全要求。三是明确数据需求,精准定义数据治理架构、标准和指南。四是明确在信息流行病生命周期中如何定义、收集、创建、使用、维护、归档和删除信息流行病数据。五是在信息流行病管理各工作流程促进数据有效利用。六是加强信息流行病数据基础设施建设,改善信息流行病管理系统各种硬件和软件条件,制定并优化数据存储和分享政策、标准、流程和程序,以及培训及各数据存储及利用指导。

(六)建立良好的信息流行病数据治理机制

良好的数据治理机制,可将治理系统中的各构成要素密切联系,协调运行,发挥作用。对今后我国各种突发事件中的信息流行病数据治理,一是建立高效的信息流行病数据治理组织结构治理机制。二是建立高效的信息流行病数据治理程序性治理机制,规范性地制定出数据策略、政策、标准、流程、规范化程序、合同协议、绩效衡量标准、合规监控办法,以及主要议题管理规则等。三是建立沟通、培训以及决策协调等关系治理机制,促进数据利益相关者之间的协作。

(七)评价信息流行病数据治理结果

将信息流行病数据治理与信息流行病有害影响衡量结合起来,管控数据风险,降低乃至避免突发公共事件中信息流行病的危害,提高数据治理效果,是突发公共事件信息流行病数据治理的目的,也是希望看到的最终结果。因此,对今后我国各种突发事件中的信息流行病数据治理,一是要采取各种措施,避免信息流行病对信息生态系统(含线上和线下信息的社会背景、内容生产、媒体,以及它们相互间的关系)的有害影响。二是避免信息流行病影响公众个体信息消费行为、认知过程、健康行为以及对公共卫生干预措施接受程度和健康及幸福感。三是避免信息流行病对卫生系统的影响(包括公共卫生干预措施、患病及致死率、保健延误和失误、健康卫生系统成效)。四是避免对经济社会的影响。五要提升信息流行病系统性能。如提高信息流行病管理系统的数据质量及利用率,降低系统成本增加系统的效益等。六要提高信息流行病管理系统风险能力,使突发公共卫生事件信息流行病管理中的数据采集、存储、发布及利用合规合法,严防国家涉密数据及公民个人隐私数据泄露。

四、研究小结

突发公共事件中信息流行病的致病因素是,大量的不实信息、虚假信息、恶意信息与正确信息混杂在一起,导致信息过载,引发公众心理应激反应而出现“信息焦虑并发症”“信息疲劳综合征”“传播焦虑与恐慌”等病症,危及人们的生命健康与社会稳定。信息流行病与突发公共事件相生相伴。在突发公共事件中防止信息流行病产生及扩散,对有效应对突发公共事件具有重要价值。

本书取得了两方面的成果。一是构建形成了一个涉及信息流行病数据治理组织机构、数据、域、机制、影响因素、时间及结果的治理概念框架;二是将已建立的概念框架应用于分析信息流行病数据治理,在全面审视我国信息流行病数据治理现状基础上提出今后信息流行病数据治理的行动建议。

本书所取得的成果,对支持我国不同层面/行业/系统/部门开展突发公共事件重点数据治理,具有理论及应用价值。解决第一个问题所取得的成果,为学界及业界开展相关数据治理理论研究及实践提供了基础的理论支撑。解决第二个问题取得的成果,为学界及业界具体应用信息流行病数据治理概念框架提供了示例。

尽管在构建信息流行病数据治理概念框架及其利用方面取得了一定成果,但本书在概念框架的实证及其进一步具体利用方面还存在局限性,需要进一步的努力予以完善。

期望本成果能为提升信息流行病数据治理能力以及突发公共事件应对能力做出贡献。

第三节　信息流行病利益相关者治理

在现代网络数字信息环境、特别是移动网络及社交媒体背景下，突发公共事件中的信息流行病相较先前的传统非信息数字社会，扩散更快、影响范围更大、危害更广。为缓解、消除信息流行病危机，科学及高效应地对突发公共事件，更需要世界范围内的所有相关组织及个人（利益相关者）紧急采取行动，共同参与，协同治理。

本书参考借鉴国内外相关成果，构建突发公共卫生事件中的信息流行病利益相关者协同治理治理模型，并应用所构建的模型审视我国突发公共卫生事件中信息流行病利益相关者协同治理状况，并提出相应协同治理对策。

一、利益相关者研究现状

利益相关者理论是专门为帮助管理者应对高度不确定性和参与者之间高度相互依赖的复杂环境而提出的。利益相关者理论所依据的原则是，引导组织与其主要利益相关者建立合作和信任关系。组织与其主要利益相关者的这种合作和信任关系，是创新思想和提高效率的基础，通过高水平激励、相互间忠诚和最终在组织系统中创造更大价值显现。

截至目前，以下国内外成果对利益相关者进行了划分。

Freeman R E（1984）最早在《战略管理：一种利益相关者的方法》一书中提出：利益相关者是能影响一个组织目标的实现，或者受到一个组织实现其目标过程影响的所有个体和群体，包括雇员、顾客、供应商、股东、银行、政府，以及能够帮助或损害公司的其他团体[①]。

Wheeler（1998）从相关群体是否具备社会性以及与企业的关系是否直接由真实的人来建立两个角度，将利益相关者分主要的社会性利益相关者、次要的社

① FREEMAN R E. Strategic management: A stakeholder approach[M].Marshfield: Pitman Publishing, 1984.

会利益相关者、主要的非社会利益相关者、次要的非社会利益相关者四类。

Harrison(2015)将利益相关者理论应用于医疗机构的战略管理,将医疗机构的利益相关者分为:出资人(投资人/政府)、支付方(医疗保险/商业保险)、接受服务方(患者即家属)、提供服务方(医护人员/员工)、监管方(行业监管部门)、社区(村社)等群体[①]。

闵锐(2022)将利益相关者理论应用于我国医院管理制度研究,把我国公立医院管理运行中的利益相关者分为医疗利益相关者、医药利益相关者、医保利益相关者[②]。

卢安文(2021)将利益相关者理论应用于互联网信息服务业多元协同治理[③],从利益相关者角度将治理参与者分为经济利益相关者、政治利益相关者、社会利益相关者、是信息传播利益相关者。

段梦琪(2022)[④]将利益相关者理论应用于社区健康信息共享治理,依据对社区健康信息治理的贡献及影响,把社区健康信息治理利益相关主体分为核心利益相关者、潜在利益相关者和边缘利益相关者。

根据WHO(2021)发布的《WHO第三次全球信息管理会议应对信息流行病的全社会挑战和解决方案》报告,信息流行病的利益相关者有科学和研究界、国家卫生当局、科技公司和社交媒体平台、非政府组织和社会团体、媒体和新闻业、联合国机构和多边组织等六类。

上述成果,对本书选定信息流行病治理中的利益相关者,具有借鉴意义。

二、信息流行病利益相关者协同治理模型

综合分析上述国内外成果对利益相关者进行的划分,特别参考《WHO第三次全球信息管理会议应对信息流行病的全社会挑战和解决方案》,对应对信息流行病的利益相关者的划分,本书特将信息流行病治理的利益相关者分为以下

① 杰弗里·S.哈里森,史蒂文·M.汤普森.医疗机构的战略管理:利益相关者管理方法[M]吴国安,王君丽,陈琳,译.北京:机械工业出版社,2020.

② 闵锐,方鹏骞.现代医院管理制度中利益相关者权责的分析[J].中国医院管理,2020,40(8):5-8.

③ 黄妍莺.企业绿色投资的利益相关者管理[J].中国科技论坛,2019(9):121-126,145.

④ 段梦琪,沈世勇,谢亲卿.基于利益相关者视角的社区健康信息共享治理问题及对策分析[J].经济研究导刊,2022(12):144-146.

七类。

（1）科学和研究界，含公共卫生学、医学、药学、自然基础科学、工程技术科学、信息学、社会科学等。

（2）国家卫生当局，含国家层面的卫生健康行政管理部门、疾控中心、应急管理部门等以及地方各层面的卫生健康行政管理部门、疾控中心、应急管理部门等。

（3）科技及平台，含信息流行病数据信息的存储、检索、交换、利用平台及相关技术。

（4）社会组织及社区，含民间社会组织（NGO）以及城市的社区与农村的（村社）。

（5）媒体和新闻业，既包括传统媒体，也包括新媒体或融媒体。既包括主流权威媒体，也包括社交媒体上的自媒体。

（6）联合国机构和多边组织。如联合国世界卫生组织、联合国世界教科文组织等。

（7）公众个人，按是否被信息流行病感染，可分为易感者、潜伏者、感染者、免疫者。

突发公共事件中的信息流行病是现代网络信息环境下的信息过载，大量错误、虚假乃至恶意信息与正确信息混在，使人们真假难辨，影响个人生活、工作，破坏社会稳定及经济发展。从 COVID-19 信息流行病治理分析，要有效治理突发公共事件中的信息流行病，全世界的科学和研究界、国家卫生当局、科技及平台、社会组织及社区、媒体和新闻业、联合国机构和多边组织、公众个人等利益相关者，必须团结一致、协同共治。

根据突发公共事件中信息流行病治理的多类利益相关者密切联系、协同共治特点，本书构建了基于利益相关者的信息流行病协同治理模型，具体见图 5-2。

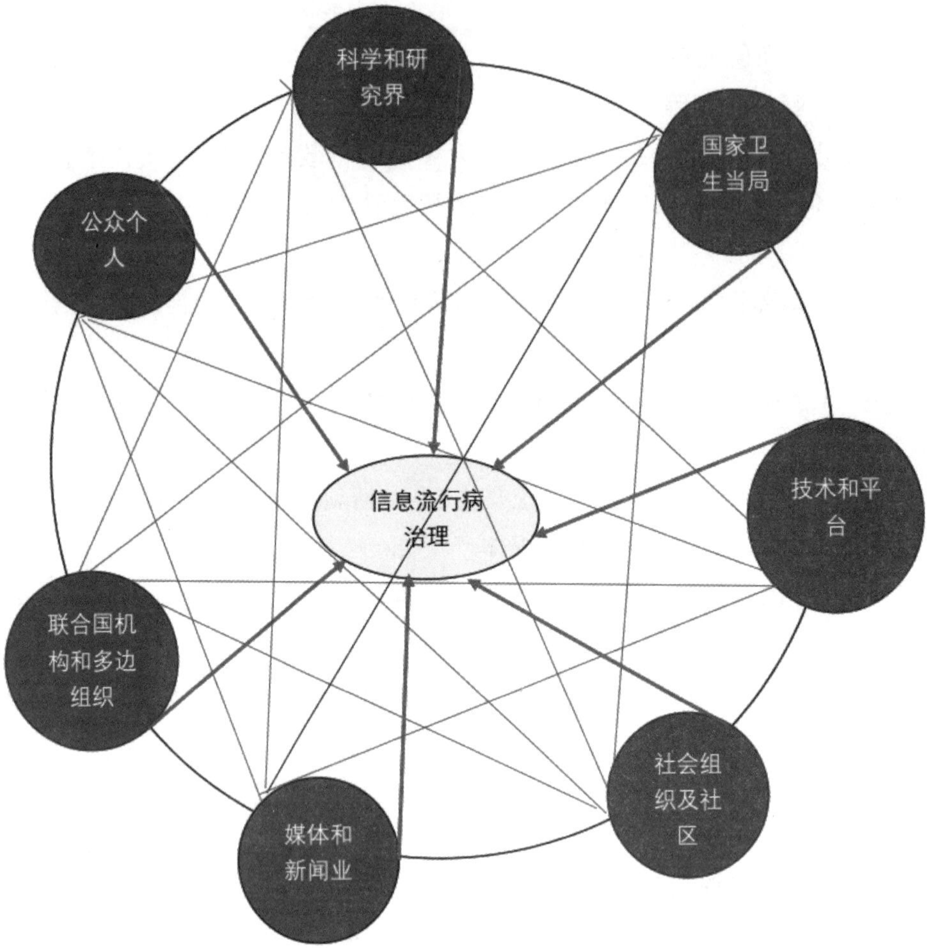

图 5-2 基于利益相关者的信息流行病协同治理模型

（1）现代网络信息环境，特别是在移动网络及社交网络与自媒体背景下，突发公共事件中的信息流行病治理的利益相关者主要由科学和研究界、国家卫生当局、科技及平台、社会组织及社区、媒体和新闻业、联合国机构和多边组织、公众个人组成。信息流行病治理治理是上述七个利益相关者共同作用的过程及结果。

（2）在科学和研究界、国家卫生当局、科技及平台、社会组织及社区、媒体和新闻业、联合国机构和多边组织、公众个人等七个利益相关者中，通过任何一个利益相关者治理信息流行病，都必须首先建立该利益相关者与其他六个利益相关者的相互协同。例如，要通过科学和研究界治理突发公共卫生事件中的信息流行病，就必须首先建立科学和研究界与国家卫生当局、科技及平台、社会组织及社区、媒体和新闻业、联合国机构和多边组织、公众个人等利益相关者的联系与协同；要通过国家卫生当局治理突发公共卫生事件中的信息流行病，就必须首先建立国家卫生当局与科学和研究界、科技及平台、社会组织及社区、媒体和新闻业、联合国机构和多边组织、公众个人等利益相关者的联系与协同；要通过媒体和新闻业治理的信息流行病，就必须首先建立媒体和新闻业同科学和研究界、国家卫生当局与、科技及平台、社会组织及社区、联合国机构和多边组织、公众个人等利益相关者的联系与协同等。

（3）突发公共事件中的信息流行病治理是科学和研究界、国家卫生当局、科技及平台、社会组织及社区、媒体和新闻业、联合国机构和多边组织、公众个人等七个利益相关者密切联系、相互协同的结果。

三、信息流行病利益相关者协同治理模型应用

突发公共事件中的信息流行病治理是科学和研究界、国家卫生当局、科技及平台、社会组织及社区、媒体和新闻业、联合国机构和多边组织、公众个人组成等利益相关者密切联系、协同共治的过程及结果。下面，我们根据图 5-1 所示的基于利益相关者的信息流行病协同治理模型，以 WHO《WHO 第三次全球信息管理会议应对信息流行病的全社会挑战和解决方案》为借鉴，分别分析七大利益相关者治理信息流行病现状及面临的挑战，并提出今后治理信息流行病的行动方案建议。

根据 WHO 建议，在世界范围内，全社会共同采取下列治理信息流行病的行动，尤为重要。

（1）认识到信息流行病是一场信息海啸，有些是准确的，有些不是——它们与流行病一起传播的，并注意到它无法消除，但可以管理。

（2）承认信息流行病管理可以减少对人口健康的直接和间接负面影响，以及对政府、科学和卫生人员日益增长的不信任。对人口健康的直接和间接负面影响，以及对政府、科学和卫生人员日益增长的不信任，这加剧了社会的两极分化。

（3）强调每个人都可以在应对信息危机中发挥作用。

（4）支持全社会方法，并与社区一起参与信息的制作、验证和传播，从而在流行病和大流行病期间产生健康行为。

（5）致力于寻找符合言论自由的解决方案和工具，以管理信息流行病术，嵌入数字技术和数据科学的使用。

（6）努力使科学更容易获得、透明和理解，保持可信的信息来源，并促进基于证据的政策，从而培养人们对这些政策的信任。

（7）学习 COVID-19 信息流行病管理实践，分享合作增值经验。

下面，是本书在分析七大利益相关者治理信息流行病现状及面临的挑战的结果以及由此提出的行动方案建议。

（一）科学及研究

从 COVID-19 暴发那一时刻起，世界各地的科学家就立即采取行动，研究 COVID-19 病理学并探寻解决各类问题的方案。COVID-19 是由一种新发现的病毒引起的一种新疾病，围绕其传播的各类信息（其中含有错误、虚假乃至恶意信息）很快使全球卫生和科学界遭到了公众的强烈反对。阴谋论和谣言对科学和生物技术的价值提出疑问，或者对新的科学发现做出错误解释。所有这些显示，民间社会及公众的科学素养严重缺乏。因此，亟待以便捷方式交流和分享科学知识特别是重要发现。

信息流行病的特点是对多学科相关知识及方法理解不完整。如流行病学、病毒学、病理生理学和免疫学等医学科学，临床试验等临床研究方法，诊断和疫苗开发，公共卫生和行为科学。这种不完整的理解具体表现在：过度乐观解释设计方案不当或实验/调研规模较小的研究成果，以及其他错误和虚假信息。信息流行病冲击学术出版物的同行评审制定，与此同时，未经同行评审的预印本出版大量涌现，导致学术出版成果质量下降。低质量学术出版成果会影响决策者正确决策，从而影响社会及公众对决策者的信任。

WHO 过去提倡在紧急情况下迅速公布科学和数据，因为以往的疫情表明，科学公布的传统方法可能过于缓慢，无法帮助管理疫情应对。这可能会导致工作仓促，并减少或消除同行评审的时间，从而导致其他问题，尤其是在公众理解方面。因此，有必要改进学术出版，并确保科学知识特别是信息重要发现以有助于决策和公众理解的方式快速传播。

在治理 COVID-19 信息流行病中，科学及研究界面临这些挑战。①研究开展方式。COVID-19 疫情出现了大量小规模或设计不当的研究，导致科研浪费、重复以及主题不平衡。由于急于对常用治疗剂进行小型非随机研究，或从有限的临床观察中推断，导致设计和实施的质量受到影响。一些研究在没有进行技术或伦理审查的情况下完成。疫情的某些方面被过度研究，而另一些方面则被完全忽视。②研究成果的策展方式。长期以来，科学界一直依赖付费期刊和缓慢的同行评审系统，这种系统不能满足世界（特别是欠发达国家、地区）的需求。COVID-19 疫情凸显了决策者、卫生工作者、科学家和其他人需要更快地获得高质量的研究和结果。为了满足这种速度需求，导致预印本更多地被使用/发布，这导致社交媒体上快速、广泛地公开分享容易被误解的未经核实的科学信息。通过新闻稿进行科学知识传播是 COVID-19 疫情防控期间的另一个特点。当制药公司甚至政府把新闻稿用作传播科学知识的渠道时，会导致社会公众对科学知识的不信任。③研究成果的传播方式。疫情降低了公众对专家的信任，部分原因是 COVID-19 发展变化快，人们对它的认识在不断变化。决策者需要快速获得才能做出决策，但有关 COVID-19 的信息却随时处于变化之中。从历史上分析，科学家们不需要向公众解释如何取得研究成果的过程，也不需要解释为什么人们会用新的证据改变主意。但现在，这个取得研究成果的过程对所有人而言都是可见的。在 COVID-19 疫情防控期间。存在大量的交流沟通新渠道和自封的专家，他们正在混淆什么是真实的信息，什么是可信的信息。

为应对上诉挑战，科学界应鼓励科学家不仅要注意他们对科学的责任，还要注意他们对公众的责任。科学界（包括医疗界及医药界）必须确保所有科学研究都具有高质量、协作性和道德性，采用最佳、最适当的方法来解决各种背景和人群中的问题，并利用现有机制和扩大的网络在国家内部和国家之间，与国家卫生当局、科技公司和社交媒体平台、非政府组织和民间社会团体、媒体和新闻业、联合国机构和多边组织、公众个人进行合作及协同，共同治理信息流行病。具体的治理行动，建议如下。

（1）科学家应尽可能支持透明度和数据共享，并对研究提供实时反馈，同时承认任何研究结果的局限性或有待审查。及时和透明的沟通对于帮助人们了解科学界在任何特定时间知道什么和不知道什么，并澄清不确定性和权衡。

(2)科学家必须积极主动地确保他们发表的文献能被理解且固定期限。例如,在每一份出版物或公共通报中都包括通俗易懂的摘要。

(3)研究人员和预印本编辑应被鼓励及被正确使用,以确保未经充分审查的研究成果和发现能够充分披露。

(4)科学界和编辑界应实现出版同行评审透明化,让其他科学家和专业人士有机会提供评审,使稿件评审成为“活文件”。

(5)政策制定者和公共卫生专业人员应让公众清楚他们的决策是如何做出的,包括让公众清楚决策的科学证据的及不确定性。

(6)科学家和公共卫生专业人员应与新闻信息传播者合作,探索接触更广泛用户的新方法,包括用当地适合的语言进行传播。

(7)科学传播者必须与不同的社区接触,使他们能找到自己的解决方案,并强调伙伴关系和协作的重要性。

(8)应鼓励使用事实核查人员来支持科学家的工作,并检查不同平台上传播者的声明和来源。

特别需要指出的是, WHO EPI-WIN 于 2021 年 6 月 7 日至 25 日,在瑞士日内瓦举行突发事件下传播科学全球会议讨论 COVID-19 大流行期间,卫生科学传播面临的挑战和良好做法,提出了这四个方面的行动建议。本书认为,这些行动建议可作为我们在开展多主体协同治理信息流行病时参考。

一是发展值得信赖的关系和沟通环境。

• 为研究活动的协作、协调以及知识交流搭建平台。

——在地方、地区和国际各级的记者、科学传播者、媒体专业人员、研究人员、科学家和政策制定者之间建立多方利益相关者合作。

• 在危机之外与不同的利益相关者建立和维护信任关系,共同制定和创建量身定制的信息。

• 建立消息来源的信任和可信度。

——对谁为决策者和政府提供建议、如何提供建议、何时提供建议以及就什么主题提供建议保持透明。科学咨询委员会应该足够多样化,让人们认为他们具有合法的代表性。

二是加强公众对科学的理解。

• 提高媒体专业人员和公众的科学素养。

• 加强对科学过程,包括出版过程的理解和透明度。

• 为有效的科学新闻建立证据基础,包括评估提高报道科学质量的传播方法。

• 投资于科学新闻的多语言能力建设,包括提出有关研究成果质量和环境的关键问题。

• 通过在学校早期引入科学和批判性思维课程来促进人们批判性思维。这有助于建立对科学过程和严谨性的认识,并培养做出合理和深思熟虑的决定的能力。

三是采用创新和包容性的沟通策略。

• 加强对不同媒体渠道的理解和使用。

• 培养沟通不确定性的沟通技能,回答循证政策问题,并扩大信息对国家或地区的影响。

——建立一种接受错误的文化。接受错误的文化为进一步学习和改进提供机会,从而有利于解释科学是如何从试错中学习的。

——通过展示不同文化对科学发现的广泛影响,倾听和承认社区的贡献,并承认边缘化群体的历史贡献

四是社区健康科学。

• 避免沟通的政治化。

• 改进和完善沟通方法。

——摆脱家长式的沟通方式,转向有利于双向对话的模式,使信息更有针对性和相关性。

——在大流行期间中,没有任何沟通工具是完美的。需要谨慎地建立关系,以开发最佳的工具和方法。与国内合作伙伴建立强有力的联系至关重要,因为它们能就仍在开发中的工具和没有的信息提供诚实的反馈。

——通过严肃的游戏可以让学习变得容易。

• 创建多语言词汇表和工具。

——需要将科学更多地翻译成不同的语言,并需要更通俗易懂的语言摘要,以人们理解的方式传达给他们。

——当科学传播者与健康信息的消费者合作时,这有助于改善目标受众的信息翻译。

• 应对沟通中的困难或威胁性回应。

——在必要的情况下,可以删除对实时会话的开放访问,并对视觉材料进行版权保护,以防止人们对其进行修改。

——沟通者个人生活的任何细节都不应该在网上分享。

——对可能有争议的话题采取中立的态度可能会有所帮助,尤其是当与准备解决这些话题的长期战略相结合时。

(二)联合国机构和多边组织

信息流行病对大多数联合国和多边组织的工作都产生了影响,无论是 WHO 与 COVID-19 作斗争,还是教科文组织寻求维护新闻自由和新闻工作者的安全。联合国作为一个整体、作为一个协调一致的联合国大家庭,面临着学习、建立和使用信息流行病管理共享系统的挑战。

为应对上诉挑战,世界需要找到与互联网平台互动的共同原则和方法。

• 联合国机构和多边组织必须定义度量标准、通用参考文献和数据集,以评估信息流行病和信息流行病工具的性能,从而更清晰地了解全局。

• 全世界每个人都能对错误信息和虚假信息进行预判。错误信息和虚假信息一直在变化,适应它是必要的。在科学的帮助下,全世界每个人都应能对未来的信息流行病其进行判断。

(三)技术和平台

信息流行病是通过在线信息生态系统传播的,它传播好信息和坏信息的速度比人类历史上任何时候都快。信息流行病传播迅速而广泛,应对信息流行病需要量化和监测信息流行病以及收集和衡量证据。因此,在应对疫情和信息流行病中,技术及平台是非常重要的利益相关者。之所以如此,是因为:一方面,COVID-19 疫情表明,如果有足够多的人基于错误信息或缺乏信任而采取行动,疫情可能会加剧和延长。另一方面,管理信息流行病要求大规模改变健康行为,如果没有数字工具和渠道的有效使用,这在现在是无法想象的。

在治理 COVID-19 信息流行病中,技术和平台面临这些挑战。①数据透明度。目前尚不清楚个人在使用手机、社交平台或 APP 时看到了什么。迫切需要以保护个人隐私的方式访问通过这些平台的信息流数据，因为如果没有这种洞察力，就不可能制定循证政策。制定实施更好的干预措施需要更好的工具和指标，并以强有力的道德框架为基础。②更多更好的合作伙伴关系。科技公司有责任为人们提供尽可能高质量的信息，以对当地易于接受的方式呈现。要做到这一点，需充分了解用户及其需求，需要与其他利益相关者建立新的、更好的伙伴关系并加强合作及协同。没有任何一个组织或部门能单独有效地应对信息流行病。每个公司或平台都可以根据自己的产品立即采取信息应对措施，但更广泛的生态系统需要通过与值得信赖的技术和科学机构（如世界卫生组织、传播专家和民间社会组织）的伙伴关系得到支持，这些机构可以促进多种语言的推广。科技行业需要提高将正确内容在正确时间提供给正确的人的能力。③素养和行为。人们在信任信息来源时，更有可能相信信息。在家人、朋友和同事周围，他们放松了警惕。人们分享的错误和虚假信息，往往来自同一个关注地。信息流行病不仅是一个公共传播或数字技术问题，也是一个行为层面的挑战。

为应对上诉挑战，在技术和平台方面需要采取以下具体行动治理信息流行病。

♦ 需要更好、更即时的实时洞察力，以实现灵活、有效的信息流行病响应。需要更好的证据来建立卫生系统、社区和人民对健康错误信息的抵御能力。

♦ 在人们可以快速轻松地找到的地方，在与传播的错误信息成功竞争的格式和渠道，急需更多高质量的在线健康信息需，急需更好的分析来理解人们担忧。应更好地利用元数据、标签和信息学见解来推广适当的信息内容。

♦ 需要改善公私伙伴关系。数字卫生利益相关者应与卫生当局合作，完善他们对技术和分析见解的使用，以传播有效的卫生信息，打击虚假信息，并赋予卫生保健工作者知识和技能，使其能够在前线对抗信息流行病。

♦ 为了建立公众信任，需要通过数据驱动、循证协议来进行清晰有效的沟通。

（四）国家卫生当局

为了确保卫生干预措施的有效性，必须将信息流行病管理纳入整体应急响应。在治理 COVID-19 信息流行病中，世界各地国家卫生当局面临这些挑战。①新领域。世界各地国家卫生部门正在努力应对 COVID-19 及其相关信息流行病带来的一系列挑战,其中一些是新的挑战。信息流行病是在知识的真空中产生的。这场 COVID-19 疫病大流行是由一种新的病原体引起的,这意味着新的病原体信息的不确定性——传播性、免疫力、治疗、脆弱性等。知识真空减缓或瘫痪了国家和国际对疫情和信息传播的反应。跨境影响使政府有效应对信息流行病的能力大大削弱。②不断演变的证据。新信息不断涌现,个人和国家应对措施的建议和最佳实践也在随之改变。科学研究正以一种面临自身挑战的方式快速进入公共领域,在这种不断变化的知识环境中,甚至在政府内部也存在异议,这使卫生当局的决策环境复杂化。在许多地方,信息流行病也暴露出需要建立新的能力,以跟上不断变化的信息环境。

为应对上诉挑战,在国家卫生当局方面,需要采取以下具体行动治理信息流行病。

♦ 应承认信息流行病管理是一种重要的非药物干预措施,并将其列为优先事项,将其纳入现有系统和卫生系统的主流。

♦ 卫生当局应将其信息流行病管理活动和应对措施建立在同情和持续努力的基础上,倾听公众意见并与他们保持公开对话。相应地,卫生当局应将卫生举措置于特定情境中,并不断同公众建立信任关系,以便当自己需要呼吁改变行为时,公众会倾听并做出积极回应。

♦ 分享成功经验。

♦ 应对 COVID-19 的信息流行病管理应着眼长远,注重预防,提高未来应对突发事件的能力。

♦ 为了适应快速变化的信息流行病环境,国家卫生当局应不断地重新评估信息流行病管理基础设施、流程和产出,并持续改进。

(五)社会组织及社区

社会组织及社区是不同质的,但是,在 COCID-19 背景下,他们有一个共同的目的——倡导以社区化的方式打击信息流行病。

在治理 COVID-19 信息流行病中,社会组织及社区面临这些挑战。①缺乏本地化和特色服务。缺乏必要的各种当地语言、数字和非数字格式的高质量信息。这种不足使得好的信息很难到达需要该信息的公众,并为错误信息和虚假信息的传播创造了机会。民间社会组织行动者往往难以为他们所服务的不同社区量身定制任何可用的信息。仅仅提供信息不足以解决社区在试图访问、理解和共同创造知识和内容时遇到的障碍,这在最需要支持的边缘化、弱势和被排斥的社区尤其如此,健康、数字、媒体和信息素养越低的人更难接触到。无法访问的语言,使更广泛的公众无法理解他们需要的信息。全球各地的人们都想结束疫情,但他们可能很难找到与他们的生活和情况相关的信息,以及他们可以采取行动的信息。②对权威的不信任。对政府和全球卫生机构的不信任正在增加,全球各地的个人和社区越来越怀疑来自政府、全球公共卫生当局和医疗保健专业人员的健康信息。③社区参与。面临的困难需要创新的解决方案,这意味着从自上而下的战略到自下而上的系统和方法需要变革,让社区领导自己解决问题和决策。

为应对上诉挑战,在社会组织及社区方面,需要采取以下具体行动治理信息流行病。

♦ 有效的信息流行病应对需要与被排斥和边缘化的社区建立有意义的参与和信任关系,这些社区包括基于交叉身份形成的青年、妇女、被迫流离失所者、残疾人等。

♦ 信息流行病在缺乏信任、责任、对话和高质量公平医疗保健的情况下,更加流行。政府和其他权威机构必须对其服务的社区负责。他们必须促进与社区对话和建立信任,在决策过程中聚焦社区公众,回应他们的需求、关切和想法,与他们共同制定公共卫生解决方案。

♦ 综合素养需要批判性思维和分析,包括事实辨别能力。提高素养意味着了解获取信息和服务(包括医疗保健)的主要障碍。一旦理解了这些,就需要增加投资,以增强公众综合素养和加强信息基础设施建设。

♦ 信息素养必须建立在个人和社区的投入、信念、态度、经验、观念、社会规范和能力的基础上,社区信息及沟通系统应由社区与其他主体合作开发。

(六)媒体和新闻业

在治理 COVID-19 信息流行病中,媒体和新闻业面临这些挑战。①复杂新领域。媒体机构和记者正在 COVID-19 疫情信息流行期间绘制报道新领域。在不确定的信息环境中,对答案的需求是强烈的,世界各地的媒体组织和利益相关者面临着一系列巨大的新挑战。理解一种不仅规模巨大,而且新颖、复杂且快速演变的现象,同时能对科学中的不确定性和缺乏信任的信息进行管理,极具挑战性,有时甚至是不可能的。解决这一问题是整个社会的任务,需要许多不同的行动者来标记最好、最值得信赖的信息来源,并将其提供给媒体,让人们能共同管理通往真相和信任的道路。②倾听观众的呼声。在混乱中,倾听观众的呼声并与观众互动的重要性前所未有。很多信息流行病都是基于恐惧和不确定性,理解这一点并以同情观众的态度进行沟通至关重要。由于如此大量的好信息和坏信息如此容易获得,根深蒂固的习惯需要改变,媒体传播不再被视为一个单向的过程。③伙伴关系和共享。世界需要一种更开放的信息共享文化,其基础是媒体与其他各方之间更好的合作及沟通,包括媒体与科学家和其他重要信息监护人之间的沟通,以及更好的倾听观众和向观众学习的能力。独自工作会使信息流行病管理更加困难。媒体组织、记者和其他利益相关者必须了解相关健康问题、疫情应对、信息流行病管理、不同沟通方法以及为未来信息流行病做好准备。为了确保信息的一致性和清晰性,媒体部门与地方/全球合作以及与其他部门建立双向伙伴关系越来越重要。建立跨部门跨社区的专家和联系人网络是迫切需要的,这些专家和联系人涵盖卫生、科学、流行病应对、弱势社区、技术和信息流行病管理等学科及专业领域。

媒体要获得和传播更精准的健康问题,其成员和组织需要培训和获取更多的专业知识。除了新闻发布会之外,媒体还需要双向沟通。媒体需要更多地接触研究界的传播者,以帮助提高其理解和传达相关科学的能力,并增加从国家卫生当局获得当地专业知识的机会。媒体需要与非政府组织、民间社会团体和社区接触,以便更好地满足当地的信息交流需求。媒体需要在数字和技术部门的支持下与专家、联合国机构、科学家和研究人员建立网络,为世界各地的媒体提供可访问的资源,以方便获取经过验证的健康信息。

为应对上诉挑战,在媒体和新闻业方面,需要采取以下具体行动治理信息流行病。

♦ 媒体制作人在制作内容之前,必须与观众接触。高度重视满足社区自身的信息需求,并在报告健康研究结果时,为证据质量设定高标准。

♦ 媒体利益相关者不能将自己视为信息流行病管理的竞争对手,应成为合作伙伴和彼此间的传声筒。应投资帮助那些可能不是专业科学记者的记者,以提高他们的工作质量和可信度。

♦ 有必要在不同成员和媒体部门之间，共享相关的信息流行病资源。

♦ 媒体应坚持使用可核实、可靠的消息来源。记者和编辑应找出错误信息和虚假信息中最普遍的趋势并加以解决。

♦ 媒体应有能力预测信息流行病趋势，并确保有能力应对这些趋势。

（七）公众个人

在治理 COVID-19 信息流行病中，公众个人（包括信息流行病易感者、潜伏者、感染者、免疫者）面临这些挑战。①获取正确信息的渠道分散，辨别错误信息/谣言困难。没有一个集科学和研究界、国家卫生当局、技术和平台、社会团体、媒体和新闻业以及联合国机构和多边组织于一体的信息平台，既可方便及时获取重要的正确信息，又可集中、精准辨别错误信息及谣言。②缺乏以科学、健康、媒介、信息素养为支撑的批判性思维，致使辨别正确与错误信息的能力不强。③公众个人信息数据安全、合规使用以及保护的意识不强，导致涉及 COVID-19 信息流行病的个人信息数据不是得不到合理使用，就是涉及公众个人隐私被暴露无遗。

为应对上诉挑战，在公众个人方面，需要采取以下具体行动治理信息流行病。

♦ 分国家层面、省域层面构建集科学和研究界、国家卫生当局、技术和平台、社会团体、媒体和新闻业以及联合国机构信息于一体的正确及错误信息辨析平台。

♦ 开展培训，提升全面科学、健康、媒介、信息素养。

♦ 解决信息流行病资料库构建中的安全问题、知识产权问题以及个人隐私保护问题，为广泛、深度开发利用个人信息流行病数据资源创造条件。

四、研究小结

突发公共事件中的信息流行病，影响公众个人生活、工作，破坏社会稳定及经济发展，需要全世界的科学和研究界、国家卫生当局、科技及平台、社会组织及社区、媒体和新闻业、联合国机构和多边组织、公众个人等利益相关者密切合作，对其进行协同共治。

为解决信息流行病协同共治问题，本书利用利益相关者理论，借鉴《WHO第三次全球信息管理会议应对信息流行病的全社会挑战和解决方案》，提出基于利益相关者的信息流行病协同治理模型。此模型强调突发公共事件中的信息流行病治理是科学和研究界、国家卫生当局、科技及平台、社会组织及社区、媒体和新闻业、联合国机构和多边组织、公众个人等利益相关者密切联系、相互协同的结果。

以基于利益相关者的信息流行病协同治理模型为框架，本书分析七大利益相关者治理信息流行病现状及面临的挑战，并在此基础上提出科学和研究界、国家卫生当局、科技及平台、社会组织及社区、媒体和新闻业、联合国机构和多边组织、公众个人今后在治理信息流行病中的行动建议。

本书所取得的成果，对支持我国科学和研究界、国家卫生当局、科技及平台、社会组织及社区、媒体和新闻业、公众个人协同开展突发公共事件重点数据治理，具有理论及应用价值。提出的模型，为学界及业界开展相关数据治理理论研究及实践提供了最基础的理论支撑。提出的行动建议，为我国各主体协同共治信息流行病提供了参考。

尽管本书在构建突发公共事件信息流行病数据协同治理模型及其利用该模型具体分析七大利益相关者治理信息流行病现状及面临的挑战以及提出行动建议等两个方面取得了一定成果，但在模型的实证以及协同治理信息流行病具体行动建议方面，本书的研究还存在局限性。要克服这些局限，本书需进一步完善本书已提出的模型并开展更具针对性的行动方案设计。

期望本书成果，能为提升我国科学和研究界、国家卫生当局、科技及平台、社会组织及社区、媒体和新闻业、公众个人协同共治突发公共事件中信息流行病的能力做出贡献。

总　结

信息流行病是突发公共事件暴发期间数字和物理环境中,包含不实或虚假件乃至恶意信息的信息过载,具有流行性和破坏性。自 COVID-19 疫情暴发以来, WHO 一直高度重视并在全球范围内推动信息流行病防治及治理,国内外学者从图书馆·情报学、新闻与信息传播、应急管理、公共卫生学、公共管理学、社会学、政治学、法学等多学科围绕信息流行病生命周期及工作流程开展理论与实证研究,取得了一定的理论及实证研究成果。本书以突发公共事件中的信息流行病为研究对象,探索信息流行病病理、传播、防治及治理问题,旨在帮助我国科学和研究界、政府相关部门、技术及平台、社会团体及社区、媒体和新闻业、公众等组织及个人,在正确的时间由正确的信息传递者通过正确的媒介(Right Medium)发出/接受正确的信息,进而做出正确的判断与决策。

本书是四川省社会科学规划重大项目(SC21ZD0008)。课题自立项以来,经过课题组全体成员的共同努力,完成了既定任务,在探索信息流行病病理、传播、防治及治理问题过程中,取得了以下理论型及应用型成果。

(1)界定信息流行病相关的概念,探明信息流行病形成及传播机理与特征,探索信息流行病数据治理以及利益相关者协同治理理论,为学界、业界进一步全面开展信息流行病学研究奠定了理论基础。

界定一下概念内涵及外延。包括信息流行病,信息过载、正确信息、不实信息、虚假信息、恶意信息,信息流行病病原、宿主、环境,过载信息信源、信道、信宿、干预措施,信息流行病易感者、潜伏者、感染者、免疫者;信息流行病防治/管理、信息流行病治理,信息流行病治理中的数据、信息流行病治理中的利益相关者等;探明信息流行病病因及生成机理,信息流行病对信息生态系统、公众个体、健康系统、社会及经济等方面的危害,信息流行病病原网络传播、宿主及环境影响特征;探索信息流行病数据治理以及利益相关者协同治理的方法、需要解决的问题及对策等,为学界、业界进一步全面开展信息流行病学研究奠定了理论基础。

（2）构建涵盖信息流行病病理、传播、防治/管理、治理的系列模型及框架，充实突发公共事件中的信息流行病学理论。

在研究信息流行病病理问题中，本书提出了信息流行病病因三角模型；在研究信息流行病扩散问题中，提出了流行病学视角下的信息流行病扩散过程模型、信息论视角下信息流行病网络扩散过程模型、传播学理论视角下信息流行病网络扩散过程模型、信息流行病网络扩散驱动力模型、信息流行病 UKSI 模型、信息流行病 SEIR 模型等理论模型；在研究信息流行病防治/管理问题中，提出了基于 WHO EPI-WIN 在线众包咨询建议的信息流行病防治/管理框架模型、信息流行病防治/管理“四大支柱”模型、基于工作流程的信息流行病防治/管理框架、基于与公众 COVID-19 对话内容的信息流行病防治/管理框架、基于社交媒体信息过载前因后果模型的信息流行病防治/管理框架、信息流行病防治/管理能力框架等；在研究信息流行病治理问题中，提出了突发公共卫生事件信息流行病数据治理概念框架模型，以及基于利益相关者的信息流行病协同治理模型。这些模型类理论成果，是信息流行病治理基本理论的重要组成部分，可为学界、业界全面开展信息流行病协同防治及治理提供理论参考。

（3）研究信息流行病防治/管理、治理的方式方法以及政策措施，为学界、业界防治及治理信息流行病提供方式方法以及政策措施等方面的指引。

在研究信息流行病防治/管理问题中，提出了信息流行病防治/管理中的应急风险沟通方法、信息流行病防治/管理中的政策及措施、信息流行病防治/管理中的信息核查方法、信息流行病防治/管理中的培训课程体系、信息流行病防治/管理中的公共卫生研究议程、信息流行病心理危机干预方法，这些成果是信息流行病防治/管理基本理论的重要组成部分，为学界、业界应对信息流行病提供了方式方法以及政策措施等方面的指引；在研究信息流行病治理问题中，提出了信息流行病数据治理以及信息流行病利益相关者协同治理方法、需要解决的问题及对策等，这些成果为学界、业界开展信息流行病协同治理提供了方法指引。

本书取得的由信息流行病相关概念、形成因素与机理、传播机理及特征、数据治理原理，利益相关者协同治理原理组成的基础理论类成果，取得的由涵盖信息流行病病理、传播、防治及治理的各种模型及框架组成的理论模型类成果，以及取得的由各种方式方法、工具、政策措施等组成的应用型成果，均是对信息流行病学知识体系的补充和完善。这些成果，在一定程度上解决了突发公共事件中的信息流行病网络扩散机制及防治/管理与治理问题，可为学界及业界在突发公共事件中科学应对信息流行病提供理论及应用参考。

本书虽然取得了上述成果，但在信息流行病病理、传播、防治及治理问题过程中，我们深感本书研究还存在以下不足。

（1）本书的研究主要基于文献、报告及网络数据，基于社区及公众的田野数据调查、基于具体案例的实证研究还需进一步强化。

（2）突发公共事件包括自然灾害、事故灾难、公共卫生事件和社会安全事件，其中自然灾害、事故灾难、公共卫生事件按照社会危害程度、影响范围等因素，分为特别重大、重大、较大和一般四级。本书的研究主要以 COVID-19 引发的特别重大的公共卫生事件为例，对自然灾害、事故灾难、社会安全事件以及非特别重大公共卫生事件中的信息流行病研究针对性较弱。

（3）对我国科学和研究界、政府相关部门、技术及平台、社会团体及社区、媒体和新闻业、公众等组织及个人在自然灾害、事故灾难、公共卫生事件和社会安全事件等突发公共事件产生及需要的信息流行病数据信息缺乏系统收集、组织及利用。

为进一步推动信息流行病各类理论及实践问题研究，以加快我国信息流行病学知识体系建构，下一步，本书期望同学界、业界的同仁一道，针对上述存在问题，进一步开展以下研究工作。

（1）进一步开展基于社区/公众田野调查数据、基于具体案例的信息流行病实证研究。

（2）分门别类，系统地开展自然灾害、事故灾难、公共卫生事件和社会安全事件中的信息流行病理论与实践研究。

（3）按科学和研究界、政府相关部门、技术及平台、社会团体及社区、媒体和新闻业、公众七大类组织及个人，依据自然灾害、事故灾难、公共卫生事件和社会安全事件等四类突发公共事件，分门别类，系统构建信息流行病数据机构库，为学界、业界研究及应对各类突发公共事件信息流行病提供数据支撑及保障。

不断探究信息流行病病理、传播、防治及治理,形成我国信息流行病学知识体系,以对有效防治及治理我国各类突发公共事件,是我国信息流行病学学界业界共同的责任。我们课题组愿与学界业界的同仁们一道探索、前行。

参考文献

[1] LINDEN S. Misinformation: susceptibility, spread, and interventions to immunize the public[J/OL]. Nature medicine, 2022, 28(3): 460-467[2022-12-12]. https://doi.org/10.1038/s41591-022-01713-6.

[2] WHO. Infodemic-Management[EB/OL].[2023-3-6]. https://www.who.int/news/item/10-02-2023-who-kicksoff-deliberations-on-ethical-framework-and-tools-for-social-listening-and-infodemic-management.

[3] PULIDO C M.COVID-19 infodemic: More retweets for science-based information on coronavirus than for false information[J]. International sociology, 2020, 35(4): 377-392.

[4] ISLAM M S.COVID-19-related infodemic and its impact on public health: A global social media analysis[J]. American journal of tropical medicine and hygiene, 2020, 10(4): 1621-1629.

[5] 吴世文. 重大突发公共卫生事件中的伪信息传播、治理困境及其突破路径——以新冠肺炎疫情为例[J]. 电子政务, 2020(9): 40-50.

[6] 邓向阳. "信息流行病"的产生、传播与治理[J]. 人民论坛, 2020(22): 113-115.

[7] 方兴东, 谷潇, 徐忠良. "信疫"(Infodemic)的根源、规律及治理对策: 新技术背景下国际信息传播秩序的失控与重建[J]. 新闻与写作, 2020(6): 35-44.

[8] ALCANTARA J. "Little flu" infodemic: an analysis on disinformation and coronavirus in Brazil[J]. Chasqui-revista latinoamericana de comunicacion, 2021(145): 137-161.

[9] ADEKOYA C O. Social media and the spread of COVID-19 infodemic[J]. Global knowledge memory and communication, 2022, 71(3): 105-120.

[10] 王子成，周明星. 突发公共卫生事件中的“信息流行病”及其消解[J]. 行政与法，2021(11):51-61.

[11] 陈维龙，王保华. 数字时代“信息疫情”表征、传播形态及治理范式[J]. 湖南师范大学社会科学学报，2022,51(6):125-132.

[12] 程慧平，于欢欢，蒋星. 重大突发公共卫生事件中社交媒体信息过载的前因后果模型研究[J] 情报科学，2023,41(3):45-56.

[13] 马费成，宇传华，骈文景. 用谣言抗体防控“信息疫情”[J/OL]，半月谈，(2022-2-18).http://www.xinhuanet.com/webSkipping.html.

[14] 王波伟. 动态失衡螺旋与善治传播协同：信息疫情的形成与治理[J]. 传媒观察，2023(2):79-85.

[15] 王世雄，朱明旻，吴宜诺，等. 信息疫情中竞争性信息传播建模与实证研究[J]. 情报资料工作，2023,44(1):62-71.

[16] 曾祥敏，王孜. 健康传播中的虚假信息扩散机制与网络治理研究[J]. 现代传播(中国传媒大学学报)，2019,41(6):34-40.

[17] 梅妍霜，朱恒民，魏静. 媒体协同对网络舆情扩散的作用机制研究[J]. 数据分析与知识发现，2019,3(2):65-71.

[18] CINELLI M. The COVID-19 social media infodemic[J]. Scientific reports，2020,10(1):16598.

[19] BAE S，SUNG E，KWON O. Accounting for social media effects to improve the accuracy of infection models：combatting the COVID-19 pandemic and infodemic[J]. European journal of information systems，2021,30(3):342-355.

[20] ZHANG X Q. Multiplex network reconstruction for the coupled spatial diffusion of infodemic and pandemic of COVID-19[J]. International journal of digital earth，2021,14(4):401-423.

[21] 徐剑，钱烨夫. “信息疫情”的定义、传播及治理[J]. 上海交通大学学报(哲学社会科学版)，2020,28(5):121-134.

[22] 匡文波，武晓立. 突发公共卫生事件中网络谣言传播模型及特征研究[J]. 新闻与写作，2020(4):83-87.

[23] 黄文森,廖圣清. 同质的连接、异质的流动:社交网络新闻生产与扩散机制[J]. 新闻与传播研究，2021,28(2):18-36,126.

[24] LINDEN S. Misinformation: susceptibility, spread, and interventions to immunize the public[J/OL]. Nature medicine, 2022, 28(3): 460-467[2022-12-12]. https://doi.org/10.1038/s41591-022-01713-6.

[25] 杨志萍,胡卉. 普及科学知识 防控信息流行病——新冠肺炎疫情防控中的应急科普研究与分析[J]. 西华大学学报(哲学社会科学版)，2020,39(4):83-94.

[26] 刘兰兰. 疫情报道中的“信息疫情”现象及防治对策[J]. 领导科学，2020(10):116-118.

[27] SCOTT J. Managing the infodemic about COVID-19: Strategies for clinicians and researchers[J]. Acta psychiatrica scandinavica, 2021, 143(5):377-379.

[28] 梅鹏超,苏坤，胡忆琦. 重大突发安全事件中的“信息疫情”风险和防治策略——基于新冠肺炎疫情的观察思考[J]. 重庆邮电大学学报(社会科学版),2021(6):138-147.

[29] 韩玉花. 探渊与防治:疫情突发背景下社交媒体“信息流行病”分析[J]. 青岛科技大学学报(社会科学版)，2021,37(1):15-19,67.

[30] 唐凤. 重大突发公共卫生事件中的信息疫情管理研究[J]. 情报探索，2021(3):84-90.

[31] 刘彬. 健康传播中的虚假信息扩散机制与网络治理探究[J]. 传播与版权，2020(4):178-179,185.

[32] 李军. 论“信息流行病”传播途径与治理策略[J]. 中国报业，2020(17):51-52.

[33] 王斌.“信息疫情”的理论维度、结构成因与治理反思[J]. 电子科技大学学报(社科版),2021,23(4):38-45.

[34] 龚立群. 重大突发公共卫生事件中“信息疫情”的形成原因、治理困境及其突破路径[J]. 情报探索,2022(6):37-46.

[35] 王阳. 数值仿真视角下的信息疫情演进与治理[J/OL]. 图书馆论坛，[2023-

03-06].https: //kns.cnki.net/kcms/detail/44.1306.G2.20230304.1309.002.html.

[36] ACKOFF R L.From data to wisdom[J]. Journal of applied systems analysis, 1989,16(1):3-9.

[37] 郭庆光. 传播学教程[M]. 北京:中国人民大学出版社, 2011.

[38] 国务院联防联控机制综合组. 关于对新型冠状病毒感染实施“乙类乙管”的总体方案(联防联控机制综发〔2022〕144 号)[EB/OL].(2022-12-27). http://www.gov.cn/xinwen/2022-12/27/content_5733739.htm.

[39] 王世伟. 略论“信息疫情”十大特征[J]. 图书馆杂志,2020(3):19-23.

[40] 张超,黄文森. 新冠肺炎“信息疫情”的概念、特点及应对策略[J]. 中国记者,2020(5):59-61.

[41] 陈琼, 宋士杰, 赵宇翔. 突发公共卫生事件中信息过载对用户信息规避行为的影响:基于 COVID-19 信息疫情的实证研究[J]. 情报资料工作.2020, 41(3):76-88.

[42] 闫慧, 刘畅, 张鹏翼, 等. 信息疫情:信息科学家的观点与对策[J]. 图书情报知识,2021(1):136-143.

[43] 李小波, 郝泽一. 信息疫情的内涵、形成机理与应对策略[J]. 北京联合大学学报(人文社会科学版),2021,19(4):98-111.

[44] 陈勇. 信息瘟疫的治安治理[J]. 中国人民公安大学学报(社会科学版), 2022(2):127-134.

[45] WILHELM ET AL. Wards measuring the burden of infodemics: methods and results of the 5th WHO Infodemic Management Conference[J/OL]. JMIR,2022, https://preprints.jmir.org/preprint/44207.

[46] 邓忆瑞. 网络环境下信息扩散的动力机制研究[J]. 图书情报工作, 2008(9):94-96,101.

[47] 邓忆瑞,徐小峰. 网络环境下信息扩散机制研究[J]. 情报科学, 2012(11):1621-1627.

[48] SUDBURY A J.The proportion of the population never hearing a rumour [J].Journal of applied probability,1985(22):443-446.

[49] 陈波,于泠,刘君亭,等. 泛在媒体环境下的网络舆情传播控制模型[J]. 系统工程理论与实践,2011(11):2140-2150.

[50] 陈福集,陈婷,郑小雪. 一类新 SEIRS 模型上的网络舆情传播行为研究[J]. 情报资料工作,2014(4):62-67.

[51] 成俊会,赵金楼. 基于信息风险感知的社交网络舆情传播模型研究[J]. 情报杂志,2015(1):135-138.

[52] 林芹,郭东强. 优化 SIS 模型的社交网络舆情传播研究:基于用户心理特征[J]. 情报科学,2017,35(3):53-56,75.

[53] 李玮,蒋科,熊悠竹. 调查报告:民众获取"疫情信息"的 10 大渠道[R/OL]. 中国网信杂志,(2020-06-16).https://m.thepaper.cn/baijiahao_7860935.

[54] 中疾控发布全国新型冠状病毒感染疫情情况[R/OL].[2023-4-9].https://www.thepaper.cn/newsDetail_forward_22630709.

[55] 胡广宇, 邱五七. 从指南到实践:推动新型冠状病毒肺炎(COVID-19)防控风险沟通和社区参与[J]. 中国循证医学杂志, 2020, 20(6): 719-722.

[56] WORLD HEALTH ORGANIZATION. WHO policy brief: COVID-19 infodemic management[R/OL].[2022-9-14].https://apps.who.int/iris/bitstream/handle/10665/362668/WHO-2019-nCoV-Policy-Brief-Infodemic-2022.1-chi.pdf.

[57] INTERNATIONAL FEDERATION OF LIBRARY ASSOCIATIONS AND INSTITUTION. How to spot fake news? [EB/OL].[2021-09-26].https://repository. ifla.org/ handle/123456789/1289.

[58] WORLD HEALTH ORGANIZATION.Mythbusters[EB/OL].[2023-3-12]. https://www.who.intemergencies/diseases/novel-coronavirus-2019/advice-for-public/myth-busters.

[59] 李希光, 吴艳梅. "后真相"时代的事实核查新闻:发展与局限[J]. 全球传媒学刊,2018,5(2):52-75.

[60] 詹姆斯·N. 罗瑙. 没有政府的治理:世界政治中的秩序与变革[M]. 张胜军,刘小林,等,译. 南昌:江西人民出版社,2001.

[61] COMMISSION ON GLOBAL GOVERNANCE.Our global neighbour-

hood[M].Oxford: Oxford University Press,1995.

[62] RHODES R.The new governance: governing without government? [J]. Political sciences,1996,44(4):652-667,653.

[63] GERRY STOKER.Governance as theory: five proposi-tions [J].International social science journal,1998,50(155): 17-28.

[64] 韩兆柱,翟文康. 西方公共治理前沿理论述评[J]. 甘肃行政学院学报, 2016(4):23-39,126-127.

[65] 高富平,尹腊梅. 数据上个人信息权益:从保护到治理的范式转变[J]. 浙江社会科学,2022(1):58-67,158.

[66] 魏治勋."善治"视野中的国家治理能力及其现代化[J]. 法学论坛, 2014(2):32-45.

[67] DAMA INTERNATIONAL.The DAMA guide to the data management body of knowledge[M].New York: Technics Publications Technics Publications, 2009.

[68] 李鸣,郝守勤,何震. 数据治理国际标准研究[J]. 信息技术与标准化, 2017(C1):48-52.

[69] ABRAHAM R, SCHNEIDER J, BROCKE J. Data governance: A conceptual framework, structured review,and research agenda[J].International journal of information management,2019(10):424-438.

[70] 夏义堃. 试论数据开放环境下的政府数据治理:概念框架与主要问题[J]. 图书情报知识, 2018(1):95-104.

[71] 夏义堃. 政府数据治理的维度解析与路径优化[J]. 电子政务, 2020(7):43-54.

[72] 吕先竞."5WHR"数据治理概念框架及其应用:针对重大突发公共卫生事件[J]. 西华大学学报(哲学社会科学版),2020(3):54-65.

[73] FREEMAN R E. Strategic management: A stakeholder approach[M]. Marshfield: Pitman Publishing, 1984:52-82.

[74] 杰弗里·S. 哈里森, 史蒂文·M. 汤普森. 医疗机构的战略管理:利益相关者管理方法[M]. 吴国安, 王君丽, 陈琳,译. 北京:机械工业出版社,2020.

[75] 闵锐，方鹏骞. 现代医院管理制度中利益相关者权责的分析[J]. 中国医院管理,2020,40(8):5-8.

[76] 黄妍莺. 企业绿色投资的利益相关者管理[J]. 中国科技论坛，2019(9):121-126，145.

[77] 刘泾. 新媒体时代政府网络舆情治理模式创新研究[J]. 情报科学，2018(12):66-70，89.

[78] 段梦琪，沈世勇，谢亲卿. 基于利益相关者视角的社区健康信息共享治理问题及对策分析[J]. 经济研究导刊,2022(12):144-146.